Es gibt immer mehr Berichte, in denen von deutschen Fach- und Führungskräften erzählt wird, daß sie sich wie »Elefanten im Porzellanladen« aufführen, weil sie mit den kulturellen Eigenheiten der Menschen im Gastgeberland nicht vertraut sind und nicht gelernt haben, sich »richtig« zu verhalten. Wenn Verträge deswegen scheitern, können diese Mißverständnisse sehr schnell kostspielig werden. Béatrice Hecht-El Minshawi widmet sich den richtigen Umgangsformen für Geschäfts- und Privatreisende in Indien. Sie gibt ausführliche Informationen über die Kultur des Landes und bereitet auf die Lebenssituation seiner Bevölkerung vor. Die Beschreibung typischer Fettnäpfchensituationen und Fragen, um das eigene Verhalten zu überprüfen, helfen, die notwendige Sensibilität für das Gastgeberland zu entwickeln.

Dr. Béatrice Hecht-El Minshawi ist als Trainerin für interkulturelle Kommunikation bundesweit tätig und lebt in Bremen.

Béatrice Hecht-El Minshawi

Zu Gast in Indien

Fettnäpfchen und wie man sie vermeidet

Fischer
Taschenbuch
Verlag

Originalausgabe
Veröffentlicht im Fischer Taschenbuch Verlag GmbH,
Frankfurt am Main, März 1998

Gesamtherstellung: Clausen & Bosse, Leck
Printed in Germany
ISBN 3-596-13719-5

INHALT

»Ich habe gegenüber Indien nicht
einen Augenblick das Empfinden verloren,
daß ich dort genauso als Lernender
wie auch als möglicherweise Gebender auftrete.«

Carl Friedrich von Weizsäcker

1. PROLOG

Im Zeitalter zunehmender Internationalisierung ist ein Höchstmaß an Verständnis und Respekt der Menschen füreinander notwendig. Frauen und Männer, die in andere Länder reisen oder im internationalen Geschäftsleben erfolgreich sein möchten, benötigen eine hohe Sensibilität und eine entsprechende Vorbereitung auf das Leben in der Fremde. Gewohnte Denk- und Verhaltensweisen führen in anderen kulturellen Situationen oft nicht weiter. Einfühlungsvermögen, Flexibilität und die Kompetenz, sich auf neue Situationen einzulassen, sind die Voraussetzungen für eine erfolgreiche interkulturelle Kommunikation.

Die Anzahl von Auslandsmitarbeitern (hauptsächlich Männer) und ihren Familienangehörigen, die in fremden Ländern leben, ist immens und nimmt weiter zu. Jede Form der Reise oder des woanders Lebens birgt heikle bis peinliche und oft unangenehme Situationen. Kulturelle, traditionelle oder auch moralische Lebenseinstellungen der Menschen anderer Länder, die Fremden oft zu schaffen machen, sind jedoch große Lernfelder. In jeder fremden Situation werden den Betroffenen die eigene soziokulturelle Überzeugung und vor allem ihre Gewohnheiten widergespiegelt. Manchmal kann es unerträglich sein festzustellen, wie sehr wir selbst in der eigenen Landeskultur verhaftet, wie sehr wir »typisch deutsch« sind. Wenn wir z. B. in Indien bewundernd hören, die Deutschen seien so pünktlich, kann dies aber zur Falle werden, weil wir an diesem Maß auch Inder messen, die ein anderes Verständnis von Pünktlichkeit haben. Wir werfen Indern möglicherweise Unpünktlichkeit vor, obwohl sie die indischen Regeln der Pünktlichkeit befolgt haben, und mißachten dadurch die jeweilige Person.

Der Bedarf an interkultureller Vorbereitung ist längst erkannt, jedoch wagen es nur wenige Unternehmen, ihren Auslandsmitarbeitern kulturadäquate Trainings zu ermöglichen. Das ist nicht zu verstehen, wissen wir doch, daß ein frühzeitiges Abbrechen des Auslandsvertrages eine Firma horrende Summen kosten kann.

In Seminaren mit deutschen und ausländischen Fach- und Führungskräften aus Industrie und Handel, Entwicklungszusammenarbeit und Öffentlichen Diensten geht es meistens um die Bewußtmachung unterschiedlicher Kulturstandards, z. B. um die Frage der Distanz: Warum braucht ein Deutscher mehr Raum für sich als ein Inder? Wie verhalten sich Frauen und Männer untereinander, oder wie gehen Alte und Junge miteinander um? Und Mitarbeiter/innen im Management möchten wissen: Wann ist die Zeit gekommen, um einen Vertragsabschluß zu tätigen? Die Fragen, die das Ausland betreffen, sind vielfältig, und der Bedarf an adäquaten Antworten ist groß.

Eine systematische Auslandsvorbereitung benötigt neben der fachlichen und der sprachlichen Kompetenz die Auseinandersetzung mit Geschichte, Kultur, Politik und Wirtschaft des Gastlandes. Viele Auslandsmitarbeiter/innen werden sagen, sie hätten sich damit selbstverständlich beschäftigt. Und doch wissen sie sich oft nicht angemessen zu verhalten. In interkulturellen Trainings geht es daher um das Umsetzen des Wissens in entsprechendes Handeln. Dieser Lernprozeß ist leichter erreichbar, wenn Trainer/innen Methoden wählen, die auch die Sinne ansprechen. Beides zusammen ermöglicht das Einfühlen in das andere Land. Zum Beispiel kann ein Training über Indien mit einer kurzen Meditation, mit indischer Musik, Räucherstäbchenduft und einem Text über den hektischen Straßentrubel in einer Stadt die Teilnehmenden auf Indien einstimmen. Dies bildet die Basis, um über unterschiedliche Kulturstandards oder Managementmethoden sinnvoll sprechen zu können.

Sich auf fremde Normen und Werte anderer Menschen einzustellen, erfordert eine gute Kenntnis von sich selbst. In meiner Arbeit als interkulturelle Trainerin gehe ich, wenn ich z. B. mit Menschen arbeite, die sich auf Indien, Malaysia oder Vietnam vorbereiten, in drei Schritten vor:

1. Erkennen des eigenen kulturellen Hintergrundes mit Fragen nach dem, was wir im »biographischen Rucksack« mit uns schleppen, und ob es darin noch Platz gibt für neue Erfahrungen.
2. Entdecken der fremden Kultur und vermitteln von Informationen, wie die Menschen im anderen Land leben und welche besonderen kulturellen Eigenheiten ihnen wichtig sind.

3. Umgehen mit dem, was unbekannt ist, einüben von fremdkulturellen Situationen und entdecken der eigenen Grenzen. Besonders wichtig ist dabei herauszufinden, wie die Teilnehmenden Konflikte verarbeiten, und zu prüfen, in wieweit die gewohnte Weise für das Leben in der Fremde modifiziert werden sollte.

Die in thematischen Kapiteln versammelten Beispielgeschichten folgen dem Konzept meiner Seminare. Beispielhaften Situationsbeschreibungen folgen Fragen, die die Leserin/den Leser auffordern, das geschilderte Verhalten zu überdenken und so ein besseres Verständnis indischer Eigenheiten, Verhaltensweisen etc. zu entwickeln; auch die sich an die Fragen anschließenden Antworten sollen Hinweise geben, wie Fettnäpfchen in Indien vermieden werden können.

Erste »indische Eindrücke«

Mutter Indien – Bharat Mater ist das siebtgrößte Land der Welt. Es umspannt rund 3220 km vom Norden in den Süden und annähernd 2800 km vom Westen in den Osten. Dieser gigantische Subkontinent ist, was seine Fläche betrifft oder die unterschiedlichen Landschaften und verschiedenen Kulturen, keineswegs mit Deutschland zu vergleichen, eher mit Europa. Die indische Bevölkerung lebt je nach Region in tropischem oder subtropischem Klima, in trockenen Steppen, feuchten Wäldern oder in kalten Gebirgen. Je nachdem, wo die Menschen leben, müssen sie mit Stürmen rechnen, sich mit dem Monsun arrangieren, gegen Überschwemmungen kämpfen oder der Dürre trotzen. Die meisten bleiben in ihrer Region und versuchen, das Beste aus den Lebensbedingungen zu machen. Auf mehr als der Hälfte der gesamten nutzbaren Flächen des Landes wird Reis angebaut, und zwar im Norden, Osten und Süden. Die Bundesstaaten im Westen, vorwiegend Richtung Pakistan, gelten als Kornkammern.

Indien ist reich an Bodenschätzen und Mineralien, besonders an Kohle und Eisenerz. Aber auch Kalk, Mangan, Titan, Bauxit, Öl und Edelsteine bilden Indiens natürlichen Reichtum und könnten stärker genutzt werden. Die landwirtschaftliche und industrielle Produktion, z. B. Baumwolle, Textilien, Seide einerseits und Nahrungs- und Genußmittel wie z. B. Reis, Getreide, Tee, Gewürze, Tabak andererseits, sichern den Export. Fischerei, Vieh- und Forstwirtschaft haben dagegen trotz langer Küsten, großer Weiden und Waldgebiete kaum Bedeutung.

Das moderne Indien ist noch immer ein Land der Gegensätze: monströser Reichtum und bittere Armut stehen unmittelbar nebeneinander. Wirtschaftskraft und blühende High-Tech-Metropolen öffnen die Schere weiter, verstärken soziale Spannungen, gesellschaftlichen Widerstand und religiöse Ausschreitungen. Wer wagt zu urteilen? Indien darzustellen, als sei es ausschließlich ein Entwicklungsland mit rückständigen Menschen fatalistischen Glaubens an Heilige Kühe und Ratten, mit grausamen Verbrennungen von Frauen und wahnsinnigen Abtreibungen weiblicher Föten, mit schändlicher Kinderarbeit und lästigen Bettlern. All diese, in unserem Sinne unverständlichen und schrecklichen Nachrichten sind indisch, aber Indien ist mehr.

Die Regierung sorgt für Superlative: Indien ist das größte Waffenimportland der Welt, besitzt die größte Filmindustrie, die größte Teeproduktion und die größte Baumwollverarbeitungsindustrie. Der indische Riese ist beides: Nobelhotels mit vergoldeten Wasserhähnen in Bombay, heute Mumbai genannt, der reichsten Stadt des Landes, inmitten der größten Squattersiedlungen. Die seit 1960 propagierten hochmodernen Raumfahrtprogramme garantieren den Armen kein besseres Auskommen. Die gesellschaftliche Spannung zwischen den extremen Unterschieden im indischen Alltag ist für die Menschen oft kaum auszuhalten: Leben im Familienverbund gehört genauso dazu wie auch Alleinstehende und Ausgeschlossene. Neben großstädtischem Treiben in luftverschmutzten Zentren, in denen viele ihr Glück suchen, die Flucht in liebliche Landschaften. Auch gibt es unverfälschte Natur und dann wiederum das Problem überdüngter Felder an vergifteten Flüssen. Das Prinzip der zwei Seiten einer Medaille ist selten schon im ersten Augenblick so deutlich zu erkennen wie auf dem indischen Subkontinent.

Auch wenn Reisende in die bunte und glitzernde Welt der Mogule eintauchen möchten und sich in ihren Palästen verwöhnen lassen, so können sie doch die grauen Slums nicht übersehen, gerade so als gehörten diese beiden Welten zusammen. Indien ist wirklich eine ver-rückte Welt: Modernität und Rückständigkeit zur selben Zeit am gleichen Ort ist ›indisch‹, und nichts kann Fremde derart aus der Fassung bringen wie diese Kontraste. Was also suchen wir in Indien? Die Bestätigung der Klischees, der Informationen aus der Presse? Oder möchten wir gerade das vorfinden, was es in Deutschland nicht mehr so ausgeprägt gibt: radikale Gegensätze?

Die meisten Personen, die nach Indien reisen, kommen mit dem Flugzeug. Egal, ob sie in Neu Delhi, Mumbai oder Kalkutta landen, der erste Eindruck für Fremde, die ins Land kommen, ist überwältigend: Menschenmassen! Sie bedrängen und verschlucken die neu Eingereisten, so daß sich diese kaum zurechtfinden können. Bei so vielen Menschen schwillt nicht nur der Geräuschpegel heftig an, es können schnell beklemmende Gefühle aufkommen. Verschiedene Gerüche ziehen gleichzeitig vorbei. Orientalinnen bevorzugen starke Jasminkonzentrate und schwere Moschusdüfte, die die scharf-ätzenden, nach Speisegewürzen riechenden Ausdünstungen der schwitzenden Reisenden zu überdecken versuchen.

Ein Philosophieprofessor, den ich einmal im Flugzeug traf, urteilt über die eigene Bevölkerung: »Die Menschenmasse ist Indiens Hauptkapital, aber auch ein großes Problem für die Entwicklung des Landes.« Die Ärmsten des Landes hingegen verteidigen ihren Wunsch, Kinder zu haben, denn sie trauen ihrer Regierung nicht, und wer, außer den eigenen Kindern, soll sie zukünftig versorgen und schützen?

Meine ersten ›indischen Eindrücke‹ gehen auf 1969 zurück, als ich mit zwei anderen Deutschen nach einem Arbeitsaufenthalt in Vietnam, über Kambodscha und Thailand kommend, nach Kalkutta reiste, um in der größten Stadt Indiens Mutter Teresa und ihr Kloster zu besuchen.

Kurz nach der Landung wurde uns klar: Wer Englisch kann, kann noch lange nicht Indian English. Doch wer Reisen gewöhnt ist, kennt zumindest die Hürden, die für die Einreise zu bewältigen sind, und das hilft schon weiter.

In Bengalen landeten damals weniger Reisende aus Europa und den USA, die meisten kamen aus asiatischen und orientalischen Ländern oder aus einem anderen indischen Bundesland. Aber vereinzelte Flower People aus dem Okzident waren auch dabei. Auffällig viele der indischen Passagiere, die damals in Kalkutta an den Schaltern standen oder die Wartebänke eingenommen hatten, gehörten offensichtlich wohlhabenden Familien an. Das merkten wir nicht nur an der ausgewählten Kleidung der stattlichen, oft dicken Herren, die ihr ölglänzendes oder mit Turban bedecktes Haupt zur Schau trugen. Oder am prunkvollen Goldschmuck und den exquisiten brokatverzierten Saris der dazugehörenden Damen und an den teuren Sonntagskleidern der Kinder, sondern eher noch am stolzen Habitus, im Verhalten untereinander und am strengen, statusbewußten Umgang mit ihren Kindermädchen. Denn viele indische Reisende waren mit ihren Familien mit bis zu zehn Personen unterwegs und nahmen gleichzeitig Angestellte mit, die sich um die Kinder zu kümmern hatten. Die bedauernswerten jungen Frauen hatten viel zu tun, die Kinder in Schach zu halten, und wurden dennoch von ihrer Herrin ständig ermahnt, so daß wir häufig hörten: »Yes, Memsahib!« Oder zur Abwechslung: »Achcha!« (Ist o. k.)

Wer so reisen kann, hat Geld und scheut sich nicht, den Reichtum zu zeigen. Bescheidenheit ist keine Zier dieser selbstbewußten Klasse. Kleinen verwöhnten Prinzen und Prinzessinnen wurde alles, was sie sich wünschten, ermöglicht. Sie dominierten die Erwachsenen, so kam es uns zumindest vor. In der Stadt dann, und das sollte ich nicht verschweigen, sah die Welt ganz anders aus. Dort erlebte ich meinen wirklichen ›indischen Schock‹: Selbst nach meinem Aufenthalt im Kriegsland Vietnam konnte ich das wimmernde Getümmel von stets um uns herumkriechenden und aufdringlich bettelnden Kindern einfach nicht ertragen, besonders dann nicht mehr, als wir erfuhren, daß bei Behinderungen im Kindesalter manchmal nachgeholfen wird, um die Einkommensquelle durch das Betteln zu sichern.

Im Sommer 1980 reiste ich über Bombay ein. Schon im Flugzeug belauschte ich zwei Mitarbeiterinnen einer deutschen Entwicklungsgesellschaft, die auch ins Bundesland Maharaschtra flogen. Zumindest waren die beiden nicht im Busineß Look gekleidet und waren offensichtlich auch nicht als Touristinnen gekommen, sie wußten zu viele Interna über indische Projekte ihrer Institution. Außerdem waren da noch die vier orange angezogenen Frauen und Männer, die auch in Frankfurt eingestiegen waren und den gleichen Ort zum Ziel hatten wie ich: Pune. Doch während ich mich in Pune für die entwicklungspolitischen Projekte des Landes Bremen interessierte und wissen wollte, wie sich der Verein ›Städtesolidarität Bremen–Pune‹ in Indien entwickelt hatte, träumten die Orange People von einem Leben in Bhagwans Aschram. So beherrschte die Farbenvielfalt zwischen Orange und Dunkelrot die Wartenden im Flughafengebäude in Bombay, denn hier trafen sie sich von überallher.

Später einmal kam ich in Neu Delhi an. Ich war nicht mehr die Neue im Land. Das gab mir etwas Sicherheit, denn ich hatte mich schon an ›das Indische‹, an die drängenden Menschenmassen, die schwülen Düfte und ohrenbetäubenden Geräusche gewöhnt. Diesmal fiel mir ein anderes Bild von Reisenden im Flughafengelände auf: Geschäftsmänner aus Europa und den USA dominierten in der Gruppe der Angekommenen. Einige von ihnen waren in Khaki oder Jeans, aber die meisten in dunklem Tuch gekleidet und hielten ihre Aktentasche fest unter den Arm geklemmt, als hätten sie Angst, die Seele ihres Unternehmens geraubt zu bekommen. Viele dieser Männer schienen gar nicht wirklich in Indien angekommen zu sein. Sie guckten über die Menschenmenge hinweg, bis sie ihren Namen auf einer Tafel erkennen konnten. Sie hatten Glück, denn sie wurden von indischen oder auch ausländischen Geschäftspartnern oder auch Diplomaten abgeholt und auffallend schnell durch die Schleusen gebracht. Wieviel Geld wohl nebenbei gezahlt wurde, um dies problemlos zu erledigen, während andere Reisende Mühe hatten, nach dem langen Flug von Frankfurt nach Neu Delhi in den Warteschlangen der Kontrollen auszuharren und sich von den übermüdeten und quängelnden Kinder zu befreien?

Indien, das Traumland für viele, kann manchmal zum Alptraumland werden. Um das Traumland zu finden, muß man sich länger dort aufhalten und sich mit dem Subkontinent, seinen sehr unterschiedlichen Menschen, mit ihren Religionen, Mythen und Überzeugungen und mit den manchmal extremen Lebensverhältnissen auseinandersetzen.

Wen zieht es nach Indien?

Der Run nach Indien ist noch immer ungebrochen und nimmt partiell zu. Sicher ist die in diesem Jahrhundert größte vom Ausland nach Indien kommende Reisegruppe die der Touristinnen und Touristen, die auf dem Weg der inneren Einkehr sich selbst zu begegnen suchen.

Schon immer gab es auch abendländische Handlungsreisende, die sich für Baumwollprodukte und für die traditionelle indische Handwerkskunst interessierten. Auch Gewürze und Seide brachten sie nach Hause. Und es gab Wissenschaftler, die der Exoten-Romantik verfallen waren. Einige ihrer Berichte sind so anschaulich geschrieben, daß allein das Lesen schon eine Reise ist.

Seit der Mitte des 17. Jh. stehen Inder mit Briten in Allianz, manchmal in heiliger, manchmal in unheiliger. Der systematischen kolonialen Beeinflussung der Engländer ›verdanken‹ die Südasiaten viel: Indische Textilien wurden in England boykottiert, aber englische sollten in der Kolonie verkauft werden. So wurde die Entwicklung der indischen Textilindustrie empfindlich und anhaltend gestört. Weiterhin sind das Bildungs- und Rechtssystem weitgehend britisch geprägt und festgeschrieben. Besonders deutlich wirkt sich der britische Einfluß im Bereich der Sprache aus. Englisch als offizielle indische Regierungssprache beherrscht alle anderen 17 offiziellen Bundessprachen und die mehr als 1640 Dialekte. Die Menschen werden so in zwei Klassen geteilt: in die, die Englisch sprechen, und in jene, die es nicht können. Die es nicht gelernt haben, gehören gewöhnlich auch nicht zu den Mächtigen des Landes. Für Reisende ist es nach einer Gewöhnungszeit natürlich einfacher, Indian English zu sprechen, als sich auf eine der Landessprachen einzustellen. Mit dem Englischen werden in den oberen Schichten selbstverständlich auch die britische Lebensweise wie Sport, Kleidung, Literatur, Musik und die dazu gehörenden Normen und Werte eines Mittelschichtlebens adaptiert, die in den letzten 50 Jahren zusätzlich eine amerikanische Färbung angenommen haben. So studieren zahlreiche junge Inder und Inderinnen im Kolonial-Mutterland und in den USA. Die meisten von ihnen interessieren sich für Physik, Chemie und Medizin, Mathematik und Informatik.

Indien ist trotz des Reichtums einer kleinen Gruppe sehr wohlhabender Familien nach wie vor auch ein sehr armes Land. Rund 150 Millionen der 950 Millionen Einwohner/innen des Subkontinents werden als Konsumenten im westlichen Sinn bezeichnet. Rund die Hälfte der Bürger/innen sind nicht alphabetisiert, sprechen schon gar nicht Englisch. Von 800 Millionen relativ armen Personen vegetieren etwa 430 Millionen mit weniger als 300 US$ jährlich in Slums oder auf den Straßen dahin und haben keine Aussicht auf Veränderung. Die ökonomische Ungleichheit – Frauen und Kinder sind die größte hilfsbedürftige Gruppe – ist für nationale und internationale Entwicklungshilfe- und Nicht-Regierungs-Organisationen seit den 60er Jahren ein Anlaß, Hilfe zur Selbsthilfe zu leisten und Projekte zu unterstützen. Daher sind auch zahlreiche deutsche Expertinnen und Experten staatlicher Hilfsorganisationen und politischer und kirchlicher Stiftungen in Indien. Ob es die etablierte indische Mittelschicht mit ihrem zunehmenden Verbrauch an Nahrung, Kleidung, Wasser, Elektrizität, an Genuß- und Luxusgütern schafft, den Anteil der Armen zu verringern und somit die Entwicklungshelfer/innen überflüssig zu machen, ist fraglich.

Noch größer ist die Gruppe der deutschen Industrie- und Wirtschaftsvertreter, die zum Teil mit ihren Familien nach Indien gezogen sind. Seit rund zwanzig Jahren wird der Standort Indien immer beliebter, zeigen internationale Unternehmen zunehmendes Interesse zu investieren und Joint-venture aufzubauen. Billige Arbeitskräfte erwirtschaften preisgünstige Produkte. Auch deutsche Firmen halten im Wettbewerb mit. Die Elektro- und Computerbranche hat z. B. in Bangalore inzwischen ihren derzeit idealen Platz gefunden. Hier vereinen sich Fachkompetenz, Ausdauer und billige Löhne. Nach einer Untersuchung von Roland Berger (Roland Berger & Partner) unterstützt die indische Regierung ausländische Unternehmen mit diversen Investitionsanreizen und lockt mit dem britischen Rechtssystem. Nach dieser Studie bietet Indien neben stabilen ökonomischen und politischen Beziehungen auch einen potentiellen Markt von 100 bis 300 Millionen Käufern. Als ungünstige Bedingungen werden neben der hinderlichen Infrastruktur, den regionalen Unterschieden mit diversen Sprachen, Religionen, Bräuchen auch die lästige Bürokratie und überall lauernde Korruption genannt. Kürzlich vertraute mir ein Inder an: »Viele Inder reden darüber, daß ausländische Unternehmen hohe Preise zahlen, um überhaupt die Chance zu bekommen, genau das Busineß aufzubauen, das sie haben möchten. Das tun sie nicht für Indien, sondern für sich selbst. Alle sprechen nur von positiven Folgen, niemand deutet auf negative Einflüsse. Die werden verschwiegen, z. B. daß viele Jugendliche in Bangalore keine Lust mehr haben, den Traditionen ihrer Familien zu folgen. Das Geld der Computerwelt lockt zu sehr. Keiner kennt die Höhe der Bestechungsgelder, die die Ausländer zahlen, aber alle wissen, daß es sie gibt. Und in Deutschland habe ich vor ein paar Jahren gehört, daß diese Ausgaben sogar steuerlich abgesetzt werden können. Das spricht sich inzwischen auch in Indien rum.«

Langsam wird ein Wettbewerb zwischen lokalen und ausländischen Firmen spürbar, obgleich qualifizierte Arbeitskräfte immer noch eher versuchen, wegen der Reputation und den höheren Gehältern in ausländischen Firmen unterzukommen. Und wer einmal dabei ist, bleibt dem Unternehmen meistens treu. Der renommierte »Software Technology Park« in Bangalore zieht wie ein Magnet 100000 junge indische Software-Experten an, die hochqualifiziert im Indian Science Institute abgeschlossen haben. Sie brauchen nicht mehr ins Ausland zu gehen, denn noch können rund 20000 neue Stellen jährlich besetzt werden, viele davon mit für indische Verhältnisse hohem Grundeinkommen von rund DM 400. Und das beeindruckt mich besonders: Auffallend viele gut ausgebildete und kompetente Frauen sind in ausländischen und einheimischen Unternehmen in gehobenen Positionen anzutreffen.

2. BEGEGNUNG UND EINSCHÄTZUNG

»Er kann noch nicht verstanden haben, was ich ihm verklickern möchte!«

Agra

Heute ist der 12. Januar 1997. Herr Ahlers hält sich seit einigen Tagen in Neu Delhi und Agra auf und möchte auch den Verkaufsleiter eines indischen Im- und Exporthandels treffen. Es war mühsam, erinnert sich Alexander Ahlers, von Augsburg aus mit seinem Kollegen in Agra einen Termin zu vereinbaren. Die Faxe kamen entweder in Indien nicht an oder wurden nicht beantwortet. Zudem war Herr Ashok telefonisch schlecht erreichbar. Als Herr Ahlers ihn endlich an der Strippe hatte, wurde das Gespräch ständig unterbrochen. Seine Kollegen zu Hause fingen sofort zu scherzen an, als er berichtete: »Na, das kann ja was werden mit dem Ashok!«

»Paß auf, daß der dich nicht über's Ohr haut.«

»Erst lockt er dich, dann beschwatzt er dich und schwänzelt um dich herum, und dann gehst du mit einem Vertrag raus, von dem du nichts hast.«

»So wie der sich verhält, hat er es gar nicht nötig.«

»Nötig wird er es wahrscheinlich nicht haben, aber ich will das Geschäft mit ihm machen, für uns.« Herr Ahlers hatte ganz schön Mühe, Herrn Ashok zu verteidigen, obwohl er manchmal selbst nicht frei war von ähnlichen Gedanken.

Der Deutsche hatte den Inder während einer Asienreise im Jahr zuvor schon einmal getroffen und mit ihm gesprochen, weil ein gemeinsamer Bekannter die beiden zusammenbrachte. Aber sie hatten keine Gelegenheit gehabt, sich gut kennenzulernen.

Zum vereinbarten Termin erreicht Herr Ahlers pünktlich das große, helle Gebäude, in dem Herrn Ashoks Firma untergebracht ist. Es sind wenige Minuten vor 11 Uhr, und der Deutsche freut sich, daß er am gleichen Tag, spät abends, wieder nach Hause fliegen wird. Er ist längst des Reisens müde, weil er wegen des ständigen Lärms in Indien schlecht schlafen kann. Von seinem letzten Geschäftstreffen verspricht er sich jedoch noch viel Erfolg. Sein Produkt, eine Schraube mit besonderer Windung, muß Herrn Ashok gefallen.

Zwanzig Minuten nach 11 Uhr wird Alexander Ahlers endlich in das große Büro geleitet. Der Inder, in sichtbar teurem Tuch stattlich gekleidet, steht mit herausragendem Bauch hinter seinem mächtigen Schreibtisch und telefoniert, indem er sein Handy ganz vorsichtig zwischen dem Kopf und der linken Schulter eingeklemmt hält, während er mit der rechten Hand Papiere und Akten, die sich auf dem Schreibtisch türmen, sortiert. Herr Ahlers in seinem Unternehmens-Tropenlook streicht beim Anblick des bedeutenden Mannes seine Hose glatt. Etwas irritiert hält er im Raum Ausschau nach einem angemessenen Platz. Während der Inder laut und hektisch in Hindi oder Urdu spricht – Herr Ahlers versteht kein Wort davon –, bittet er mit einer eindeutigen Bewegung der rechten Hand seinen Gast in einem Sessel der Besucherecke Platz zu nehmen.

Zur Begrüßung erkundigt sich der Gastgeber nicht nur nach dem momentanen Befinden seines Besuchers, sondern er ist auch sehr daran interessiert zu erfahren, wie die letzten Fußballspiele der Europameisterschaft ausgefallen sind und wer inzwischen Deutscher Meister geworden ist. Damit hatte Herr Ahlers nicht gerechnet und kann deshalb auch keine zufriedenstellende Antwort geben.

Nach einer Weile beginnt der Deutsche mit seiner Präsentation: »Herr Ashok, wir sind miteinander verabredet, damit ich Ihnen ...« Ein Bürodiener kommt ohne anzuklopfen ins Zimmer. Nach vorne gebeugt, die Hände vor seiner Brust zum Gruße zusammengelegt, eilt der schmächtige Mann ehrerbietig seinem großen Chef entgegen, der sich sofort dem Buckligen zuwendet. Auch diesmal versteht Herr Ahlers die Sprache, die die beiden sprechen, nicht, wundert sich aber, daß Herr Ashok die Unterwürfigkeit des Dieners zuläßt. Angewidert blickt der Deutsche zur Seite. Das Telefon klingelt, der Inder bittet zugleich den Diener, das Handy zu bringen, und seinen Gast weiterzusprechen. Dieser bemüht sich um Konzentration und fährt fort: »Ich bin gekommen, um Ihnen mein Produkt vorzustellen. Wie Ihnen in meinen Unterlagen bereits angekündigt, handelt es sich um eine besondere Schraubenart, die auch ...« Der schmächtige Mann hat den Raum inzwischen verlassen, und Herr Ahlers hofft, in Ruhe sprechen zu können, als sich die Tür wieder öffnet. Eine Frau bringt Tee in kleinen Tassen und kalte Getränke. Der Gast wählt heißen Tee, sitzt er doch im eiskalten Raum und fröstelt etwas, während sich der Inder mit der jüngeren Frau, die in einen dezenten Baumwollsari gekleidet ist, unterhält. Dann wendet er sich dem Deutschen zu und nimmt den Faden wieder auf: »Yes, my friend, you are very right! Let me see your catalogue please.«

Etwas überrascht blättert Herr Ahlers schnell einige werbeträchtige Seiten auf, als ein recht junger Angestellter des Inders hereinkommt, in üblicher Manier das Gespräch unterbricht und sogleich die Aufmerksamkeit auf sich lenkt. Mit einer Handbewegung entschuldigt sich Herr Ashok bei seinem Gast, der inzwischen unbemerkt mit dem Kugelschreiber in seiner rechten Hand in monotonem Takt auf den Tisch klopft. Unruhig versucht der Deutsche, eine entspannte Sitzposition einzunehmen. Er schlägt die Beine übereinander und stößt an den Tisch, was die einzelne Blume, die darauf steht, zum Wippen bringt.

Zunächst sprechen die beiden Inder Englisch, wechseln aber nach kurzer Zeit mit heftigen Bewegungen ihrer Arme und erhobenen Stimmen ins Hindi über. Herr Ahlers ist sich sicher, daß die beiden streiten, obwohl er nichts versteht. Er geht davon aus, daß sein Geschäftspartner dringende Probleme zu lösen hat, schon die Telefonate zeugten davon und jetzt auch das Gespräch. ›Er kann doch noch gar nicht verstanden haben, was ich versuche, ihm zu verklickern!‹ Herr Ahlers schüttelt den Kopf und geht zum Fenster, während die beiden Inder ihn erstaunt beobachten.

Der deutsche Geschäftsmann hadert mit der Situation: Für den späten Nachmittag hatte er sich vorgenommen, das Tadsch Mahal und auch das Fort zu besichtigen. Das Licht des Sonnenuntergangs würde den roten Sandstein der ehemaligen Verteidigungsanlage zum Strahlen bringen, besonders nach den heftigen Regenschauern in der letzten Nacht. Darauf hatte er sich schon sehr gefreut. Aber er befürchtet: ›Es wird nicht klappen. Nichts, was man sich in diesem Land vornimmt, klappt!‹

Er spürt, wie sein Groll wächst, und würde am liebsten laut schreien: ›Wenn das die Kollegen zu Hause wüßten, wie die wohl spotten würden!‹

Nach einer Weile dreht er sich erbost um, greift mit fuchtelnden Armen in das Gespräch der Inder ein und sagt laut und bestimmt: »Herr Ashok, ich möchte unser Gespräch im Hotel weiterführen. Können Sie bitte um 4 Uhr nachmittags kommen? Dann werden wir in Ruhe miteinander reden können.« Herr Ashok wendet sich Herrn Ahlers zu und kann im Gesicht seines Gastes lesen, daß es ihm nicht gelingen wird, ihn zu besänftigen. Er faltet die Hände vor seiner Brust und sagt: »Namaskar, ja, wir treffen uns.« Der Deutsche eilt sichtlich wütend davon.

Fragen

1. Hätte Alexander Ahlers von Anfang an strikter nach seinem Plan vorgehen sollen?
2. Haben Sie den Eindruck, daß Herr Ashok kein Interesse an Herrn Ahlers oder an seinem Produkt hat?
3. Wie finden Sie den Vorschlag von Herrn Ahlers, sich am Nachmittag im Hotel zu treffen?

Antworten

1. Nicht unbedingt, denn es hat für Herrn Ashok durchaus einen Sinn, sich so zu verhalten: Er möchte Zeit gewinnen, um seinen Gast einschätzen zu können und auch den Bürobetrieb nicht zu unterbrechen.
2. Herr Ashok hat Interesse am Geschäft, auch wenn Herr Ahlers das Gefühl hat, er hätte sich nicht genug einbringen können. Daß er Interesse hat, ist daran zu erkennen, daß er sich so lange mit Herrn Ahlers aufgehalten hat und bereit ist, ins Hotel zu kommen. In Indien ist es nicht ungewöhnlich, zur gleichen Zeit mit mehreren Personen zu kommunizieren und dabei noch zu telefonieren. Nordeuropäern ist diese mehrdimensionale Kommunikationsweise fremd, was zu Problemen führen kann.
3. Der Vorschlag ist gut, der Ton hätte etwas gelassener sein können. Aber zum Glück hat sich der Inder von Herrn Ahlers und seinem Produkt schon ein Bild machen können und Interesse entwickelt, den Deutschen zu treffen.

»Wir waren sehr erfolgreich!«

Madras

In der Filmstadt Madras, das heute Chennai genannt wird, werden Personen, die per Auto in die 5,4 Mio-Stadt einreisen, von übergroßen und bunten Pappfiguren begrüßt, die an den wichtigsten Ein- und Ausfahrtsstraßen stehen. Einheimische kennen ihre Schauspieler/innen, gehen sie doch am liebsten in alle Filme, die auf den Markt kommen, und das sind nicht wenige. Wer sich einen Kinobesuch leisten kann, träumt mit den großen und starken Helden und wunderschönen Frauen des Nichtstuns von einer besseren Welt der Liebe und des Reichtums. Wenn sich diese Sehnsüchte jetzt nicht realisieren lassen, dann vielleicht im nächsten Leben. Indische Filmproduktionen sind sowohl in den Nachbarländern beliebt als auch dort, wo sich größere Gruppen indischer Menschen niedergelassen haben, wie zum Beispiel in Großbritannien oder in den USA.

In Madras gibt es die zweite Niederlassung eines deutsch-indischen Jointventures, das mit Industrie-Großgeräten zu tun hat und selbst in der Produktion von kleineren Apparaten tätig ist.

Graf Matuschka ist Außenhandelsleiter des deutschen Unternehmens in München. Mit seinem Kollegen, der in Neu Delhi für das erste deutsch-indische Joint-venture dieses Unternehmens tätig ist, besucht er Madras, um die indischen Kollegen dort von einer neuen Produktionsmaschine aus Deutschland zu überzeugen. Sie erwarten schwierige Verhandlungen, das lassen die Pläne, die die Inder vorher geschickt haben, vermuten. Sie bevorzugen eine weitaus preisgünstigere Maschine aus Indien, mit der sie ihren ehrgeizigen Produktionsplan einhalten möchten. Kurz vor der Landung in Madras sagt einer der Kollegen: »Der jetzige technische Leistungsstand unseres Gerätes ist um ein Vielfaches höher und von anderen Geräten auf dem Markt in Kürze nicht einzuholen. Wir müssen die Inder überzeugen.«

»Aber klar, Sie haben recht. Schon bald würden sich die hohen Anschaffungskosten, die sich Deutsche und Inder teilen werden, amortisiert haben.«

Beide möchten ihre indischen Kollegen auf jeden Fall davon überzeugen, mit der neuen Maschine die Produktionsleistung anzukurbeln. Dafür kommen sie immerhin nach Madras.

Herr Murat, der indische Chef, lädt seine deutschen Kollegen zum Mittagessen in ein Hotel ein. Graf Matuschka findet die Idee gut, weil er davon ausgeht, daß es zwei Deutschen doch gelingen muß, einen Inder zu überzeugen. Kurz nachdem er einen Schluck seines kalten Bieres getrunken hat, fängt er an, über die Maschine zu sprechen, für die er sich einsetzt. Der Inder hört eine Weile zu, bis er schließlich sagt: »Herr Kollege, ich weiß ja, daß Ihr Produkt ganz ausgezeichnet ist. Wollen wir nicht erst in Ruhe essen und dann, wenn wir die anderen treffen, über unsere Arbeit sprechen? Sie sind doch hoffentlich nicht nur wegen der Verhandlung nach Madras gekommen. Ein vorzügliches südindisches Mahl muß in Ruhe genossen werden. Erzählen Sie von Deutschland. Ich war schon lange nicht mehr dort. Wie geht es Ihrer Familie?«

Die beiden Deutschen haben keine Chance, ihr Produkt vorzustellen, und so bleibt ihnen während des Mittagessens nur noch die Möglichkeit, darauf hinzuweisen, daß sie geplant haben, noch am gleichen Tag nach Neu Delhi zurückzufliegen.

Nach Beendigung der langwierigen Verhandlungen am Nachmittag – die Entscheidung ist noch nicht getroffen – bringt der indische Chef seine deutschen Kollegen zum Flughafen. Als er sich verabschiedet, sagt er: »Vielen Dank für Ihren Besuch. Wir waren sehr erfolgreich und haben mit den Plänen und dem Treffen unser Ziel erreicht.«

Martin Matuschka zieht seine rechte Hand zögernd aus der Hosentasche und reicht sie dem Inder zum Abschied, antwortet aber zunächst nicht. Er denkt: ›Wir haben unser Ziel nicht erreicht. Produktionsplanungen sind einfach, Realisieren ist die Kunst!‹ Nach einer Weile sagt er: »Wir werden sehen!« Der Inder versteht: »Der Deutsche ist mit der Zusammenarbeit gar nicht zufrieden.«

Fragen

1. Wie kommt es Ihrer Meinung nach dazu, daß der Inder die Verhandlungen, obwohl die Entscheidung noch nicht getroffen wurde, als erfolgreich wertet?
2. Warum geht der indische Chef davon aus, daß der Deutsche mit der Zusammenarbeit nicht zufrieden ist?
3. Was können die beiden tun, um sich verständlicher auszudrükken und nicht Mißverständnissen ausgeliefert zu sein?

Antworten

1. Im Indischen gilt das Prinzip der Verständigung, ist bereits der Weg das Ziel. Pläne auszuarbeiten und Verhandlungen zu führen sind für Inder bereits Ziele, während diese im deutschen Kontext ›nur‹ als Vorbereitungen angesehen werden, die der Entscheidung dienen. Graf Matuschka sagt deswegen »Wir werden sehen«, weil für ihn das Ziel noch nicht erreicht ist.
2. Im Satz des Deutschen »Wir werden sehen« hört der Inder natürlich die für den Grafen offene Situation heraus. Er merkt an der Wortwahl und sicher auch in Verbindung mit der Betonung und der Körpersprache, daß sein Kollege mit anderen Voraussetzungen als er in die Verhandlung gegangen ist.
3. Genau zuhören und das, was wirklich gesagt wird, so aufzunehmen, wie es vermittelt wird, wäre schon ein erster Schritt. »Wir waren sehr erfolgreich und haben mit den Plänen und dem Treffen unser Ziel erreicht«, sagt genau das, was die Verhandlung für die indische Seite, zumindest zu diesem Zeitpunkt, bedeutet. Damit hat Herr Murat seine Einschätzung von Erfolg ganz offen und erstaunlich unverblümt dargelegt. Gemeinsam zu planen und sich zu treffen, darin liegt für ihn schon ein erster Erfolg, denn Erfolg ist nicht eine Endsumme, sondern in Etappen zu erreichen. Die Antwort des Deutschen »Wir werden sehen« ist genauso eindeutig und wurde vom Inder ja auch richtig verstanden. Die Deutschen hätten darüber hinaus im Vorgespräch klären können, ob sie Essen gehen möchten oder nicht und wie lange die Verhandlung dauern und wer daran teilnehmen sollte. So hätten sie an der Gestaltung

des Rahmens teilgenommen. Wurden aber keine Absprachen getroffen, was im Grunde viel sympathischer ist, ist mit einer Einladung zum Essen zu rechnen. Diese sollte aber nicht unbedingt für ein Geschäftsgespräch genutzt werden, insbesondere wenn an der eigentlichen Verhandlung noch andere Personen teilnehmen werden.
In diesem Beispiel fällt noch etwas auf: Graf Matuschka hält seine Hände in den Hosentaschen. Das tun viele ausländische Fach- und Führungskräfte, als sei dieses Benehmen ein Merkmal, bedeutend und »in« zu sein. In Asien aber ist dieses Verhalten eher verpönt, auch wenn inzwischen viele Asiaten die Ausländer-Unsitte inzwischen imitieren.

»Rüpel, verdammt noch mal!«

Neu Delhi

Norbert Nagel, ein Bauingenieur aus Süddeutschland, reist für sein Unternehmen einige Male im Jahr nach Asien, und das schon seit 1979. Wenn der kleine Mann mit schwarzen, glatten Haaren, die ihm gewöhnlich ins Gesicht fallen, in Indien ist, besucht er Ingenieure, die als Führungskräfte in der Verwaltung Neu Delhis angestellt sind. Bei den Treffen geht es immer um Biogas-Anlagen, die an verschiedenen Orten des Landes gebaut werden sollen.

Herr Nagel kennt sich in Indien recht gut aus. Seinen deutschen Freunden sagt er gerne: »Kein Land macht mich so verrückt wie Indien. Es ist wunderbar und unerträglich zugleich!« Er durchquerte schon viele Bundesstaaten auf der Suche nach den besten Bedingungen für Biogas-Anlagen und hat dabei viele Unterschiede festgestellt. Unterschiede zwischen Menschen, die in Städten leben, auf dem Lande oder an Küsten, Unterschiede zwischen Reichen und Armen, Frauen und Männern, Alten und Jungen, im Norden, im Süden, Osten oder Westen. In den ersten Jahren berichtete er zu Hause manchmal von Indien: »Indiens Menschen sind sehr verschieden, das habe ich gelernt. Doch alle haben den gleichen

Wunsch, nämlich weiterzukommen. Wenn es in diesem Leben nicht klappt, dann im nächsten oder danach. Inzwischen frage ich mich, ob die Menschen in Deutschland auch so verschieden sind, je nachdem, wo sie aufgewachsen sind, welche Lebenspläne sie entwickelt haben, welcher beruflichen und sozialen Gruppe sie zugehören. Aber in dieser bekannten und dennoch fremden Welt Indiens fallen mir manche Unterschiede stärker auf. Zum Beispiel finde ich, daß viele Inder mit ihren Frauen ziemlich ruppig umgehen, auch wenn sie sie mit Gold und teuren Stoffen beschenken. Allerdings bin ich mir auch nicht sicher, ob ich das, was ich höre, richtig einschätzen kann. Ich verstehe ja ihre Sprachen nicht, ich höre nur den Ton und messe ihn an unserer Art zu sprechen und denke: der macht Musik, die oft unmelodisch klingt. Vielleicht täusche ich mich total. Oder wenn Reiche mit Bettlern, die am Boden hocken, sprechen, wenn sie es überhaupt tun und nicht einfach über sie hinwegsteigen, wie die meisten, dann hört sich das sehr barsch und verurteilend an. Kein Land stellt mich emotional derart auf die Probe wie Indien, immer wieder.«

Herr Nagel ist diesmal wegen einer Asien-Konferenz nach Neu Delhi gekommen. Es geht um die Verwertung organischen Abfalls und um Methoden, die in anderen asiatischen Ländern bereits erfolgreich ausprobiert wurden. Am Eröffnungstag drängen sich viele Konferenz-Teilnehmer und Zuhörer in das Kongreß-Zentrum, Hunderte von Asiaten, einige Frauen und eine Handvoll europäische und amerikanische Fachkräfte. Alle drängeln. Norbert Nagel wird mit dem Strom in den Raum getrieben. Plötzlich stößt ihm eine spitze Faust oder ein Ellbogen schmerzhaft in den Rücken und versucht ihn gewaltsam zur Seite zu drängen. Der Deutsche schreit im Umdrehen: »Rüpel, verdammt noch mal!« Er sieht den Präsidenten einer Hochschule, der sich auf diese Weise Platz verschafft. Der Inder guckt Norbert erstaunt an, erkennt auch ihn und hört auf, sich weiter durch die Menge zu drängen.

Fragen

1. Wie finden Sie das Verhalten des Präsidenten der Hochschule?
2. Finden Sie Norbert Nagels Reaktion angemessen?

Antworten

1. In der Tat ist das Verhalten des Präsidenten rüpelhaft. Es kann rein zufällig geschehen sein, aber es wäre auch nicht ungewöhnlich für jemanden in seiner Position, sich dessen bewußt zu sein und für sich ein Vortrittsrecht zu reklamieren. Doch nicht alle Inder und die wenigen Inderinnen in hohen Anstellungen verhalten sich ähnlich barsch und rüpelhaft.
2. Dazu läßt sich keine allgemeingültige Aussage machen. Wer nicht mit so einem Verhalten rechnet und überrascht wird, wird sich intuitiv wehren, was womöglich die Gegenseite wiederum provoziert. Wer aber weiß, daß Inder sich so verhalten können, hat die Chance, lockerer damit umzugehen. Herr Nagel hätte es nach seinen häufigen Indien-Reisen eigentlich wissen können.

»Der will was!«

Pune

Drei Millionen Menschen leben inzwischen in Pune. Wirtschaftlich geht es der Stadt nicht schlecht. Es hat sich Industrie angesiedelt, auch einige ausländische Unternehmen der Autobranche. Pune hat schon länger intensive Beziehungen zu Deutschland. Der Stadtstaat Bremen und verschiedene deutsche und indische Nicht-Regierungs-Organisationen sorgten dafür, daß Kontakte auf verschiedenen Ebenen mit ähnlichen Interessen zustande kamen: Schulen, Universitäten, Bürgermeister. Dabei wurden von beiden Seiten diverse Interessen verfolgt: Informationen über Alphabetisierung und Ausbildung wurden ausgetauscht, Beratungen im Wirtschaftsbereich wurden geführt, Studienkonzepte wurden entwickelt und Know-how verschiedener Branchen weitergegeben. Delegationen beider Städte standen und stehen in engem Kontakt.

Die zunehmende Verschmutzung der Luft und des Trinkwassers in Pune ist eines der Hauptprobleme, welches sich die Partnerschaft Bremen–Pune genauer ansehen möchte. Die ersten Wasserproben wurden bereits vor rund fünfzehn Jahren entnommen und analysiert und in Studien der Öffentlichkeit zugänglich gemacht. Daß das gesamte Wassersystem erneuert werden muß, steht schon lange fest. Nun also soll es angepackt werden.

Herr Polak ist Chemiker und arbeitet seit fast zwanzig Jahren in einem mittelständischen Betrieb in Westdeutschland. Jahrelang war er an Deutschland gebunden, jetzt zieht es ihn in andere Länder. Seiner Familie erklärte er kürzlich: »Es muß doch noch was anderes geben als den hiesigen Alltagstrott. Und der Firma kann es auch nicht schaden, in der Welt dabei zu sein.«

Nie würde er seinen Arbeitsplatz riskieren, um in andere Länder zu kommen. Herr Polak ist unbedarft, aber ehrlich: Er spricht weder von Entwicklungshilfe noch von Partnerschaft. Er sucht Abenteuer und auch Geschäfte.

Durch den Kontakt zu Mitarbeitern eines Autokonzerns lernte er in Deutschland den Leiter eines Instituts in Pune kennen. Nun will er versuchen, für seinen Betrieb einen Auftrag zu bekommen und für das Institut in Indien Studien über Oberflächenbearbeitung zu erstellen.

Der etwas gedrungen wirkende Peter Polak, der sein Hessisch nicht verbergen kann, sobald er den Mund aufmacht, auch nicht, wenn er Englisch spricht, ist ein unbekümmerter und lustiger Mensch. Ein Draufgänger, der einfach Lust hat, Neues anzupacken. Was weiß er schon von Indien oder von Pune, vom Institut oder von dessen Leiter, der ihn eingeladen hatte.

Erst in zwei Tagen wird der Termin im Institut in Pune sein. Peter Polak kam etwas früher in die Stadt, wie er seinem Chef zu Hause sagte: »Um mich in Indien umzusehen.« Dafür nahm er sogar zwei Tage Urlaub. Pune ist jedoch nur ein kleines Fleckchen im großen Indien. Nun, es ist sein erster Asienbesuch.

Der Deutsche sitzt am ersten Tag auf der Terrasse des Hotels, um sich von den Strapazen der Reise zu erholen. Er trinkt ein Bier, betrachtet die exotischen Bäume im Garten und die Hecken, die reich bedeckt sind: winzige Blütenblätter, innen gelb, außen rosarot. Große Hibiskussträucher schützen ihn auf der Terrasse vor den Blicken der neugierigen Kinder und Jugendlichen.

Es dauert nicht lange, dann kommt der Hotelbesitzer zu seinem Gast, begrüßt ihn und wünscht Herrn Polak einen angenehmen Aufenthalt in seinem Haus. Dann stellt er ihm ein zweites Glas Bier hin, auch wieder ohne Schaum, und fragt: »Woher kommen Sie? Sind Sie aus Deutschland?«

Der Gast bedankt sich höflich für das Bier, welches er gar nicht bestellt hatte, versucht einige Sekunden im Gesichtsausdruck des rund Fünfundvierzigjährigen eine Erklärung zu finden, und denkt sich schließlich: ›Der will was!‹ Aber er sagt: »Ich bin Deutscher, aus Darmstadt. Kennen Sie die Stadt? Wissen Sie, wo Darmstadt liegt?« Der Besitzer geht nicht darauf ein, sondern sagt: »Ich habe vor fünf Jahren das Hotel übernommen und viel investiert, damit es meine Gäste hier gut haben und immer wieder kommen.« Der Hesse fragt den Inder: »Möchten Sie nicht auch ein Bier trinken?«

»Oh, nein danke, ich trinke keinen Alkohol.« Der stattliche Herr, dem man leicht anmerkt, wer er ist, schreit, obwohl ein junger Mann ganz in der Nähe des Türpfostens steht, um auf Wünsche der Kunden zu warten, in den Hotelraum hinein, ohne in die Richtung zu gucken: »Tee!« Herr Polak findet den Inder hart, laut und dominant und bereut es sofort, ihn gefragt zu haben.

Ein Diener bringt den Tee, verbeugt sich sehr tief und verschwindet gleich wieder. Kurz darauf kommt ein junger Mann. Der Hotelbesitzer strahlt, als er ihn erblickt, und stellt den jungen Mann vor: »Das ist mein Sohn, mein Erstgeborener. Er hat gerade sein Studium beendet, Betriebswirtschaft. In einigen Jahren, wenn er sich in Übersee umgesehen hat, wird er das Hotel übernehmen.«

Der Deutsche erinnert sich an seinen fünfundzwanzig Jahre alten Sohn und weiß, daß er noch lange warten muß, bis dieser daran denkt, sein Diplomstudium zu beenden. Und was er dann machen wird, das weiß niemand. Weil er darüber enttäuscht und wütend ist, spricht er nicht gern über seinen Sohn.

Der indische Sohn fragt, während er den Stuhl annimmt, den ihm sein Vater bietet: »Was würde man in Deutschland mit meinem Studium in einem Hotel verdienen?« Der überraschte Chemiker antwortet: »Oh, das weiß ich wirklich nicht. Ich kenne mich in Ihrer Branche nicht aus. Aber vielleicht 2000 Dollar zum Anfang.«

Herr Parvish interessiert sich nun doch für Herrn Polaks Kinder und möchte wissen: »Was machen Ihre Kinder denn?«

»Beide studieren.«

»Was werden sie damit verdienen?«

»Das ist völlig offen.«

»Wie hoch ist Ihr Jahresgehalt?«

Der Hesse merkt, wie ihm das Bier zu Kopf steigt, er wischt sich den Schweiß von der Stirn und denkt: ›Das ist doch unmöglich. Was geht ihn das an, daß ich fast 100000 Mark im Jahr verdiene?‹ Dann hört er sich sagen:

»50000 Dollar!« Der indische Vater nutzt sofort die Gelegenheit und reagiert: »Interessant, interessant, ich dachte allerdings, daß Ihre Position als Abteilungsleiter Ihres Unternehmens höher bezahlt ist.« Nach einer Denkpause fügt der Inder hinzu: »Werden Ihre Kinder auch mal Indien besuchen? Sie sind hier immer herzlich willkommen.«

»Ich bin mir nicht sicher, meine Kinder interessieren sich eher für Europa als für Indien.«

Herr Polak merkt, daß ihm die Fragerei zuviel wird. Er findet die beiden Inder ganz schön dreist und hat keine Lust, etwas von sich und seiner Familie zu erzählen. Um die Konversation abzubrechen, sagt er: »Entschuldigen Sie, aber ich muß in meinem Zimmer noch etwas für das Meeting im Institut vorbereiten. Ich muß leider gehen.« Der Inder antwortet: »Ist o. k. Wir sehen uns morgen wieder!« Und der Sohn ergänzt: »Es ist angenehm, mit Freunden zusammen zu sein. Bis morgen!« Der Deutsche geht und denkt: ›Bloß nicht wieder mit den beiden, sonst muß ich den Sohn noch mit nach Deutschland nehmen!‹

Fragen

1. Welchen Zweck verfolgen die Inder mit diesem Gespräch?
2. War Herr Polak unhöflich, als er das Gespräch abbrach?

Antworten

1. Inder und Inderinnen zeigen meist ein großes Interesse an fremden Menschen. Es ist möglich, alles, was in Deutschland eher als Privatsache betrachtet wird, zu erfragen. Vater und Sohn in diesem Beispiel möchten in der Tat mehr wissen über die Gehälter in Deutschland, und es ist in Indien völlig normal, ganz offen danach zu fragen. Dann wird verglichen, und der Inder hatte ja bereits eine Vorstellung von dem Jahreseinkommen. An der Höhe des Gehalts wird auch die Position und der Status gemessen, den die Person mit dem Geld bestätigt bekommt.

   Herr Polak hätte auch Fragen stellen können. Das hätte ihm vielleicht aus seinem Gefühl von Bedrängnis herausgeholfen und ihm den Gedanken erspart, daß die Inder etwas von ihm wollen. Es ist nämlich völlig übertrieben, davon auszugehen, daß alle Inder/innen, die einem Löcher in den Bauch fragen, dies nur tun, um entweder nach Europa zu kommen oder mit europäischen Geschäftsleuten Abschlüsse zu tätigen.
2. Direkt unhöflich war es nicht, so abzubrechen. Es wäre jedoch geschickter gewesen, das gemeinsame Frage- und Antwortspiel mitzuspielen und sich dann gelassen zu verabschieden. Dann wäre die nächste Begegnung souveräner und leichter.

3. FREUNDSCHAFT UND HIERARCHIE

»Ist das deine deutsche Seite?«

Bangalore

Nirgendwo im Land trifft die Moderne derart kraß auf die Tradition wie in Bangalore und Umgebung. Im Bundesland Karnataka gilt Bangalore als ein Goldpool. Die Stadt der Superlative hat sich in den letzten zehn Jahren mit annähernd 6 Millionen Einwohner/innen fast verdoppelt und zur ernstzunehmenden Konkurrenz der High-Tech-Länder entwickelt.

Der Stadtkern – also Straßenreihen, Parkanlagen, Basare und Geschäfte, ganze Viertel – ist noch immer indisch, manche Ecken hingegen sehen ein wenig britisch aus. Die am Rande der Stadt erbaute »Electronic City« kündet von einer ganz anderen Epoche. Hier steht der rasant gewachsene Technologie-Traum asiatischer, amerikanischer und europäischer Unternehmen. Eine total andere Welt und doch auch sehr indisch.

Wer in den »Software Technology Park« fährt, wird von den Reklameschildern vieler Großkonzerne begleitet, einige davon kommen aus Deutschland. Zu den Mächtigsten gehört, zum Teil seit Jahren, unter anderem auch das deutsch-indische Maschinenbau-Unternehmen, in dem Bettina Bacher vor zwei Jahren als fast Vierzigjährige die Leitung einer Abteilung übernommen hat. Eigentlich ist Frau Bacher Technische Zeichnerin, die in Deutschland schnell als besonders qualifizierte Fachkraft mit Führungsqualitäten auffiel. Daher war es dem Unternehmen recht, als sie sich für die Stelle der Abteilungsleitung in Bangalore bewarb.

Bei der Erstellung von Studien arbeitet Bettina mit dem rund dreißigjährigen Ehepaar Preeti und Anand eng zusammen. Die drei kennen sich seit Bettinas erstem Tag in Indien und schätzen sich sehr. Die hochgewachsene Deutsche wirkte anfänglich eher hart, streng und männlich, als sie noch auf das Einhalten der vorgegebenen Hierarchien achtete. Dann aber tauschte sie diese in respektvolle, freundschaftliche Beziehungen ein. Sie brauchte Preeti und Anand und hatte nie Scheu, ihr Team um Unterstützung zu bitten. Schließlich war das indische Paar fachlich hervorragend ausgebildet und kannte sich im indischen *way of life* gut aus. Bettina Bacher war die Ausländerin, die Neue im Team. Bald galt sie jedoch als eine sehr warmherzige, kollegiale und mutige Persönlichkeit, die ihr Team gut zu motivieren und zu begleiten wußte.

Preeti schätzt Bettinas Humor und Genauigkeit, auch wenn sie manchmal nicht versteht, warum sich ihre Freundin-Chefin über ein wenig Unpünktlichkeit der einen oder anderen Person so aufregen kann oder wenn der Bürodiener etwas verlegt hat. Die Inderin fragt oft spöttisch: »Ist das jetzt deine deutsche Seite?« Jedenfalls ist Preeti Bettinas Vertraute und die »Brücke« in die außerberufliche indische Welt geworden.

Frau Bacher sitzt am einen Ende des großen Schreibtisches in ihrem Büro. Neben ihr sitzt Preeti am Computer und zeichnet statistische Graphiken. Am anderen Ende hat Anand zu tun. Es ist still im Raum, alle sind in ihre Aufgaben vertieft, nur das Gebläse der Klimaanlage ist zu hören. Plötzlich betritt der indische Vorgesetzte ohne zu klopfen das Zimmer, bleibt abrupt stehen und sieht sich um. Er eilt auf Preeti zu und fragt sie etwas in Hindi, was Bettina nicht versteht. Anand blickt einen Moment auf und vergräbt sich umgehend wieder in seinen Berechnungen. Als der Vorgesetzte geht, ist Preeti verärgert, und alle drei wissen, daß er es nicht gut findet, wie sie zusammenarbeiten. Aber sie können dafür keinen Grund erkennen.

Am nächsten Tag nutzt der Vorgesetzte die Chance, um vor Preeti, Anand und anderen indischen Mitarbeitern und Mitarbeiterinnen Bettina Bacher zu fragen: »Wo ist das Konzept? Ich brauche es. Sind Sie noch nicht fertig damit? Ich dachte, daß die Deutschen immer zuverlässig wären!« Bettina ist sehr verärgert und wehrt sich, weil sie die Kritik nicht versteht. Sie widerspricht dem Inder, da der Abgabetermin erst in drei Tagen ist. Sie sagt aggressiv: »Sie bekommen das Material in drei Tagen, so hatten wir es vereinbart!«

Von diesem Tag an wurde Bettina Bacher von ihrem Vorgesetzten wie eine Drittrangige behandelt, was langsam auch Einfluß auf einige ihrer Kollegen und Kolleginnen hatte. Nur Preeti und Anand blieben wirkliche Freunde.

Zwei Wochen später erhielt Frau Bacher einen Anruf aus Deutschland. Der Personalchef ihres Unternehmens rief persönlich an, und so erfuhr Bettina, daß sich der indische Vorgesetzte »durch die Blume« über sie beschwert habe und der Firma nahelegte, sie zurückzuholen. Er habe erwähnt: »Zwei Jahre im Ausland sind ausreichend.« Der deutsche Personalleiter konnte allerdings keinen triftigen Grund finden und gab Bettina Rückendeckung.

Fragen

1. Worin könnte der Konflikt bestehen?
2. Wenn Sie der deutsche Personalleiter wären, was würden Sie dem indischen Chef vermitteln?
3. Wie geht es mit Bettina Bacher weiter?

Antworten

1. Der indische Chef kann das Dreierteam nicht einschätzen. Er weiß nicht, ob und in welcher Weise die einzelnen ihre Abgrenzungen einhalten. In kumpelhaftem Verhalten erkennt er einerseits Respektlosigkeit und Mangel an Disziplin der Mitarbeiter/innen. Andererseits sieht er darin die mangelnde Fähigkeit der Abteilungsleiterin, sich durchzusetzen. Er legt Wert auf Hierarchien und fürchtet die sich möglicherweise ausbreitende Tendenz der »Respektlosigkeit«. Aber für Bettina Bacher sieht es anders aus: für sie ist es wichtiger, im Team zu arbeiten, auch wenn sich dadurch die Hierarchien scheinbar abflachen. Wenn sie ihre Akzeptanz und Autorität als Abteilungsleiterin verlieren würde, würde sie sicherlich Preeti und Anand gegenüber auf Distanz gehen und Grenzen einfordern. Doch daß sie sich diesbezüglich durchsetzen kann, weiß der indische Chef nicht.
2. Der deutsche Personalleiter sollte die zufriedenstellende Arbeit von Frau Bacher hervorheben und auch darauf hinweisen, daß es ihr gerade in intensiver Zusammenarbeit mit ihrem kompetenten Team besonders gelungen ist, den Anforderungen des Unternehmens gerecht zu werden. Es wird eine gewisse Zeit

dauern und Fingerspitzengefühl benötigen, den Inder zu besänftigen, ohne ihn vor den Kopf zu stoßen und ihn von seinen strikten Personalführungsideen etwas abzubringen. Das ist nicht einfach, weil der Inder mehr Wert auf eindeutige Hierarchieabgrenzungen legt und vor diesem Hintergrund wenig bereit sein wird, Ausnahmen (vielleicht auch gerade für eine deutsche Frau) zuzulassen. Schließlich ist Bettina Bacher als einzelne austauschbar.

3. Wenn sich der indische Chef auf Dauer nicht verständig zeigt, haben Bettina Bacher und ihr Team verloren.

»Was hab ich ihm denn getan, daß er mich derart ignoriert?«

Bangalore

Ausländische Fach- und Führungskräfte sind in den Cafés, Diskotheken und Biergärten Bangalores gern gesehene Gäste, sorgen sie doch für ein reges Geschäft.

Als Bert Busch mit fast 50 Jahren zum ersten Mal in die südindische High-Tech-Metropole kam, hat es ihm hier sofort gut gefallen. Er hatte für seinen Schnupperbesuch nur drei Tage Zeit und ein volles Programm zu absolvieren. Seiner Frau, die sich um seinen Kreislauf Sorgen machte, sagte er am Telefon: »Gott sei Dank ist es nicht ganz so heiß draußen, wie ich befürchtet habe.«

Am letzten Abend wurde Bert von einem indischen Kollegen zu einer längeren Stadtrundfahrt eingeladen. Sie schlängelten sich durch die vollen Innenstadtwege, und als sie durch die Gartenstadt kamen, war der Mond schon ziemlich hoch emporgestiegen. Bert dachte an seine Frau und die beiden Kinder und war sich sicher, daß Bangalore auch ihnen gefallen würde. Es war geplant, und sein Unternehmen hatte eine finanzielle Unterstützung auch zugesagt, daß in drei Monaten die Familie ebenso einen Kurzbesuch in Indien unternehmen würde, bevor sie für mehrere Jahre ganz übersiedeln wollte.

Während des zehntägigen Aufenthaltes der Familie Busch besichtigte Bastian, der älteste Sohn, Schulen, unter anderen auch die Rishi Valley School, ein berühmtes Internat, das außerhalb Bangalores liegt. Dort lernte er einen italienischen Schüler kennen, dessen Eltern auch in Bangalore leben und arbeiten. Außerdem gefiel ihm der Internatskomplex mit seinen Sportanlagen, und die Lehrkräfte, die die Familie Busch empfingen, waren ihm sehr sympathisch. Bastian sagte später: »Es ist so anders dort, viel ruhiger als das hektische Indien.« Seine Eltern konnten gut verstehen, daß sich ihr Sohn für das Internat entschied. Er, der manchmal recht ins Grübeln kommen konnte, würde gut dorthin passen. Ihre einzigen Bedenken waren, daß sie die Söhne trennen mußten, obwohl sie wußten, daß ihr Ältester oft nach Hause kommen würde. Und Bastian freute sich auf den Schulbeginn und seinen italienischen Freund.

Familie Busch ist inzwischen schon seit eineinhalb Jahren in Südindien. Dem ältesten Sohn geht es in der Internatsschule sehr gut. Wenn Besucher kommen oder er seine Familie besucht, sagt er stolz: »Rishi Valley ist ein eigener kleiner Kosmos.«

Oft berichtet er zum Scherz in Indian English über sein Leben in der Gemeinschaft, obwohl die Lehrer und Lehrerinnen darauf achten, daß British English gesprochen wird.

Bernhard, der zweite Sohn, wurde in Bangalore sozusagen eingeschult. Seine Mutter, eine Grundschullehrerin, übernimmt den täglichen Unterricht, der durch eine indische Englischlehrerin vervollständigt wird.

Bert Busch ist Ingenieur, der mit seiner Familie schon in Pakistan gelebt hat, bevor er nach Indien kam. Im internationalen Unternehmen in Bangalore gibt es vier Abteilungen, von denen zwei jeweils von einem Amerikaner und einem Deutschen geleitet werden, die beiden anderen werden von Indern geführt. Herr Busch ist für die Entwicklungsabteilung zuständig und der älteste Leiter. Seine indischen Kollegen und der Amerikaner sind einige Jahre jünger als er selbst, und den indischen Vorgesetzten schätzt er auch auf rund 50 Jahre.

Dieser indische Chef hatte Bert die schöne Nachtfahrt vor zwei Jahren beschert, woran sich der Deutsche gern erinnert, weil sie in der lauen Nacht damals in einem Biergarten endete. Und der Inder brachte die Familie auch auf die Idee, sich die Internatsschule anzuschauen, und vermittelte außerdem das Haus, in dem diese nun wohnt. Bert fühlt sich seinem Chef deswegen immer sehr zu Dank verpflichtet. Im Grunde ist er ihm viel näher als seinen Abteilungsleiter-Kollegen.

Doch die Beziehung der beiden ist seit einiger Zeit nicht mehr so unbelastet wie früher, ja sie ist sogar sehr angespannt. Schließlich fragt er seinen amerikanischen Kollegen: »Was hab ich ihm denn getan, daß er mich derart ignoriert?« Es bereitet ihm Schwierigkeiten, seinen amerikanischen Kollegen deswegen anzusprechen, und doch hat er ihn den Indern vorgezogen. Brian aber weiß keine erklärende Antwort und zeigt wenig Lust, dem Deutschen zu helfen, fühlt er sich von Bert doch selten wirklich als Kollegen geschätzt.

Seit ein paar Tagen führt der Deutsche Verhandlungen mit seinem Vorgesetzten und merkt, daß er irgendwie nicht weiterkommt und wie gegen eine Wand rennt. So wenig zugänglich hat er seinen Vorgesetzten noch nie gefunden. Bert, der von einem bestimmten Konzept zur Veränderung von Arbeitsabläufen in seiner Abteilung sehr überzeugt ist, möchte, daß der Chef es befürwortet und unterstützt. Doch der Inder ist dagegen und versucht Bert davon abzubringen. Als der Inder merkt, daß er gegen den Deutschen nicht so einfach ankommt, entscheidet er in barschem Ton: »Wir werden ohne das neue Konzept arbeiten!« Bert Busch fühlt sich bevormundet, ist enttäuscht und wütend. Langsam wird ihm bewußt, daß er keinen Spielraum mehr hat und es ihm nicht gelingen wird, seinen Chef zu überzeugen. Da er aber von seinem Konzept sehr überzeugt ist und es nicht aufgeben möchte, ruft er das Unternehmen in Deutschland an, um Unterstützung zu bekommen. Dies erfährt der Inder, der sich hintergangen fühlt und Bert ignoriert.

Fragen

1. Wie hat sich Herr Busch in die Hierarchie des Unternehmens integriert?
2. Welche Auswirkungen könnte Berts beruflich angespannte Lage auf seine Familie haben?
3. Was kann der deutsche Abteilungsleiter in dieser Situation tun?

Antworten

1. Von Beginn an hat Herr Busch eher mit seinem Chef Kontakt als mit den Kollegen seiner Hierarchiestufe. Somit stellt er sich auf eine ihm unangemessene, höhere Stufe, ohne es vielleicht zu wollen. Das hat dazu geführt, daß zwischen ihm und seinen Kollegen kein Vertrauen aufgebaut werden konnte. Vielleicht fühlen sich die beiden Herren, sein Vorgesetzter und er, wegen ihres ähnlichen Alters stärker verbunden als Bert mit den z. T. viel jüngeren Kollegen. Außerdem haben die 50jährigen schließlich auch ihre Familien, während Berts Kollegen Junggesellen sind. Aus dem Blick der Kollegen hat sich Bert zu sehr mit dem Chef vereint, was der indische Vorgesetzte sicher auch längst gemerkt hat.
2. Sollte das Arbeitsverhältnis zunehmend gespannt werden und Bert keine Klärung herbeiführen können, ist sein Vertrag gefährdet und somit auch der Aufenthalt seiner Familie.
3. Er könnte versuchen, die Abteilungsleiter-Kollegen davon zu überzeugen, daß es gut wäre, in seiner Abteilung etwas zu verändern, und diese nach Vorschlägen und Erfahrungen zu fragen. Danach wäre es notwendig, den indischen Chef in einem weiteren Schritt zu den Gesprächen hinzuzuziehen und in die Planungen zu integrieren. Dabei könnten die beiden indischen Kollegen vermitteln.

»Das ist unser Paradies!«

Kalkutta

Familie Kerner lebt seit vier Monaten in Kalkutta, der Hauptstadt Bengalens. Kira ist Amerikanerin, stammt aber aus einer russischen Großfamilie und lebte 12 Jahre lang mit Kurt und ihren drei Kindern in Deutschland, bevor die Familie nach Indien übersiedelte.

Kira Kerner ist immer für Veränderungen und sucht alle paar Jahre eine neue Herausforderung. Sie ist davon überzeugt, daß Menschen, die sich auf Wanderschaft begeben, mehr soziale Qualitäten entwikkeln als Nesthocker. Auch ihre Kinder sollen diese Chancen haben. Als Kurt das Indien-Angebot von seiner Firma bekam, konnte die Entscheidung für den Umzug deshalb schnell getroffen werden, obwohl das älteste Kind schon in Deutschland eingeschult worden war.

Die Amerikanerin fällt mit ihren langen, blonden Haaren und der großen, sportlichen Figur in Indien sehr auf. Darüber hatte sie sich vorher keine Gedanken gemacht und findet es manchmal unangenehm, immer herauszuragen und über die meisten anderen hinweggucken. Ihre fast zwei Meter Größe hat aber auch den Vorteil, daß sie sich schnell orientieren kann. Das fällt ihr dann besonders auf, wenn sie in Basare kommt, in denen sie sich noch nicht recht auskennt.

Die Kerners leben in einem Bungalow, der einem Palast ähnlich ist, auf einem malerischen Grundstück, von einer gekalkten Mauer umgeben. Als Kira zum ersten Mal durch das schmiedeeiserne Tor die grüne Insel mit dem champagnerfarbenen Haus in der Mitte sah, rief sie: »Das ist unser Paradies!« Die Kinder pflichteten ihr begeistert bei: »Ja, Mami, und es ist Platz genug für die Hunde.«

»Wartet ab, vielleicht ist es viel zu teuer für uns!«

Die gesamte Familie war damals aufgeregt. Für indische Verhältnisse ist die Miete unvorstellbar teuer, doch Kurts Unternehmen hatte sich bereit erklärt, für seinen Manager die Kosten zu tragen. Nie zuvor hatten Kira und ihre Familie in so einem noblen Prachtgebäude gelebt, weder in den USA noch in Deutschland. In Kalkutta standen vom ersten Tag an Frauen und Männer vor der Gittertür, die eine Anstellung suchten. Doch Kira, die ihren Beruf schon in den USA aufgegeben hatte, weil sie ihr erstes Kind erwartete, wollte allein in ihrem Reich regieren. Schließlich hatte sie einige Geräte zur Erleichterung der Hausarbeit mitgebracht und den Rest in Indien gekauft. In Deutschland hatte sie es ja auch allein schaffen müssen, und von ihrem Mann, der die Woche über in der Stadt lebte, hatte sie keine Unterstützung erwarten können. Nichts war sie also mehr gewohnt, als sich um die Kinder und den Haushalt zu kümmern.

Mindestens einmal in der Woche nimmt sie sich die Zeit, um ihrem Hobby nachzugehen, dem Tennisspielen. Dazu trifft sie sich meistens mit einer Engländerin, die Kira eines Tages in den Maidan-Park eingeladen hatte, um in der Nähe des kalkweißen Victoria Memorial, das schon aus der Entfernung durch das Parkgrün leuchtet, zu spielen. Kira mit ihrer starken Hinterhand gewinnt oft, aber die Engländerin ist ihr eine gute Gegnerin.

Als Kurt Kerner sechs Wochen nach Ankunft in Indien wiederholt fragte, ob Kira nicht doch Hausangestellte zulassen möchte, fing sie zum ersten Mal an darüber nachzudenken. Die Mühe, die sie wirklich hatte, bestand einerseits darin, ihre Kinder und deren Freunde und Freundinnen durch die mit Autos verstopfte und Abgasen verpestete Stadt hin und her zu fahren. Das war beschwerlich und konnte Stunden dauern. Das andere, was ihr inzwischen zu schaffen machte, waren die überhöhten Preise, die sie als Ausländerin ganz selbstverständlich zu zahlen hatte. Dagegen konnte sie sich einfach nicht wehren, wollte dies auf Dauer aber auch nicht tolerieren. Trotzdem entschied sie sich, weiterhin ohne Hilfspersonal zu bleiben. Sie spürte ihren Ehrgeiz, alles zu schaffen, und hatte auch keine Lust, sich mit irgend jemandem abstimmen zu müssen.

Wenige Tage später fragte Kishor, der Fahrer ihres Mannes: »Suchen Sie eine Frau für Ihren Haushalt?« Kira war sehr überrascht und hatte ihren Mann in Verdacht, das angezettelt zu haben. »Nein, danke, ich schaffe es selbst!«

Inzwischen sind einige Monate vergangen, und wenn Kira Kerner zurückdenkt, wurde sie oft auf das Thema Hausangestellte angesprochen. Eines Tages klingelte Kamala am Gitter und bat um Arbeit. Kira lud die junge Frau ein, um mit ihr bei einer Tasse Tee zu besprechen, was sie tun könnte. Die Inderin folgte der Ausländerin in den Palast und guckte sich während des Weges etwas schüchtern um. Da Kamala sofort bleiben und mit der Arbeit beginnen konnte, Kira aber am Abend noch mit ihrem Mann und den Kindern sprechen wollte, schickte die Amerikanerin Kamala in den weiter entfernten Basar, um frische Lebensmittel einzukaufen. Natürlich wollte Kira auch die Übergangszeit sinnvoll nutzen und die Inderin prüfen. Als diese zurückkam, stellte sich heraus, daß sie nur halb soviel Geld ausgegeben hatte, wie Frau Kerner für die gleichen Waren üblicherweise zahlte. Das imponierte Kira sehr, und am Abend lebte eine Person mehr im Haushalt.

Am Tag danach war Kamala längst auf, als die Familie ihren Tag begann. Die Inderin hatte schon um das Haus herum gekehrt, Wäsche sortiert und war gerade dabei, sich in der Küche zurechtrechtzufinden und bengalische Schlager zu hören, als Kira sie überraschend entdeckte und sagte: »Sie brauchen nicht gleich alles auf einmal zu machen! Wir hatten doch besprochen, daß Sie nicht länger als acht Stunden täglich arbeiten sollen. Haben Sie in der Nacht schon angefangen, was haben Sie denn heute nachmittag noch vor?« Die Amerikanerin, die fast doppelt so groß wie die Inderin ist, dachte, es läge ein Mißverständnis vor, das wegen der geringen Englischkenntnisse der Inderin entstanden sein könnte, denn diese antwortete: »Yes, Madam!«

Am Abend des gleichen Tages war Kamala noch immer in der Küche tätig, bis Kira etwas resolut wurde und die Inderin in ihr Zimmer schickte. Als die Ausländerin nach einigen Tagen merkte, daß Kamala im Grunde immer etwas im Haushalt tat und sich an keine Stundenabsprache hielt, fühlte sie sich beobachtet und eingeengt. Kiras Alltag bestand nun fast nur noch aus der Fahrerei der Kinder, die meisten anderen Aufgaben hatte Kamala längst übernommen. Die Amerikanerin wurde unzufrieden, reagierte manchmal der Inderin gegenüber aggressiv und wußte keinen Ausweg. Die anderen Ausländer/innen um sie herum, die Kiras Leben beobachteten, beneideten die Kerners um ihre wertvolle Hausangestellte und bewunderten Kamalas umsichtiges und verantwortungsvolles Arbeiten.

Fragen

1. Wie finden Sie die Entscheidung von Frau Kerner, zunächst keine Haushaltshilfe einzustellen?
2. Warum haben Herr Kerner und sein Fahrer über eine Hausangestellte gesprochen?
3. Warum hat sich Kamala nicht an die abgesprochenen Arbeitsstunden gehalten?

Antworten

1. Aus Frau Kerners Sicht ist ihre Entscheidung gut zu verstehen. Wahrscheinlich braucht sie eigentlich keine Hilfe im Haushalt. Doch das Leben der Kerners in Indien ist anders als das in Deutschland.

2. Kurt Kerners berufliche Aufgabe in Indien ist auch ein Prestigejob. Das hat zur Folge, daß sich die Kerners in einer noblen Villa einmieten konnten. Dieses Grundstück aber signalisiert allen Indern und Inderinnen, daß die darin Lebenden viel Geld haben müssen. Wer sichtlich viel Geld verdient und Kinder hat, kann aus indischer Sicht mindestens eine Hausangestellte gebrauchen, doch im Grunde mehrere. Da es für den deutschen Manager wichtig ist, seinen Status zu wahren, um von seinen Mitmenschen akzeptiert und respektiert zu werden, versucht Kishor, der Fahrer, Frau Kerner zu überzeugen.
3. Für indische Hausangestellte gibt es keine Zeitabsprachen, sondern sie übernehmen alle anfallenden Tätigkeiten. Sollten in einem Haushalt mehr Angestellte tätig sein, dann haben sie jeweils nur eine Aufgabe: sich um die Kinder zu kümmern, einzukaufen, zu kochen, Wäsche zu waschen oder zum Bügeln zu bringen oder den Garten in Ordnung zu halten. Das können alles einzelne Tätigkeiten für einzelne Angestellte sein, die dann für bestimmte Stunden oder Tage in der Woche diese Arbeiten erledigen. Wer aber eine Allroundkraft im Hause leben hat, muß sich nicht wundern, daß sich diese nicht an Absprachen hält. Jedenfalls kann und soll sich die Hausherrin ohne schlechtes Gewissen in Ruhe hinsetzen und arbeiten lassen. Das garantiert Anerkennung und Respekt und unterstreicht den eigenen Status. Wer sich aber auf die Stufe der Angestellten stellt, verläßt seinen Status und kann einen Achtungsverlust riskieren.

»Was soll ich jetzt tun?«

Kalkutta

Herr Krishna stammt aus Kalkutta und war noch nie im Ausland – bis zu seiner Reise nach Deutschland. Vor zwei Jahren kam er für ein halbes Jahr ins Unternehmen nach Deutschland, um als Assistent in allen Produktionsabteilungen der Firma zu hospitieren. Leider konnte er es sich nicht anders einrichten, als genau über den Winter 1995/96 in Deutschland zu sein. So war er zwar auf den Schnee sehr neugierig, litt aber dennoch unter der Kälte und dem Matsch.

Krishna schrieb in seinem ersten Brief an seine Eltern: »Schnee ist wunderschön, wenn er frisch und leicht ist. Wenn er gefriert, ist es gefährlich zu laufen, aber die Deutschen können sogar mit dem Auto darüberfahren. Die Kollegen sind alle sehr eifrig, keiner hat Zeit. Leider sagen sie nicht oft, was ich tun soll.«

Die deutschen Kollegen bewunderten den jungen Mann sehr, weil er recht schnell Deutsch lernte und die Fremdsprache relativ flüssig sprach. Überhaupt fiel der Inder als jemand auf, der sich sehr leicht in das Unternehmen einbringen konnte. Wißbegierig fragte er immer wieder: »Was soll ich jetzt tun? Was ist das nächste?«

Aufgaben zugeordnet zu bekommen, war er aus Kalkutta gewohnt. Die Projektleiter in Deutschland hingegen fanden das auf Dauer ziemlich lästig, weil sie davon ausgingen, daß ein Teammitglied wissen müßte, was als nächstes zu tun sei. Krishna aber ist jemand, der anders aufgewachsen ist als Deutsche, die beobachten und etwas anpacken, Abläufe durch eigene Ideen und Gestaltungsformen prägen und terminieren. In Indien lassen die Menschen den Dingen ihren Lauf und gehen davon aus: es wird sich was ergeben, es wird schon werden. Die Frage, die Krishna oft stellt, ist daher aus seiner Sicht schon ein Kompromiß. Hätte er die deutschen Vorstellungen des Miteinanderumgehens nicht verstanden, wäre es ihm nicht eingefallen, so zu fragen, denn dies bedeutet im Grunde schon ein aktives Herangehen.

Konrad Kästner war Krishnas Mentor in Deutschland. Er hatte sich für diese Aufgabe zur Verfügung gestellt, weil er wußte, daß er zukünftig für die Firma nach Indien gehen würde. Über die feste

Zusammenarbeit mit dem jungen Inder hatte sich Herr Kästner Informationen über das ›Indische‹, wie er immer sagte, und über Kalkutta erhofft. Diesbezüglich wurde er auch nicht enttäuscht. Weil aber der Inder so jung war, daß er sein Sohn hätte sein können, gab es natürlich Grenzen zwischen den beiden Männern.

Seit einem Monat ist Herr Kästner nun in Kalkutta, um die Produktionsstätte dort für einige Jahre zu leiten. Von seinen Mitarbeitern, die aus verschiedenen Ländern Europas kommen, hört er am ersten Abend: »Kalkutta ist ein interessantes Pflaster, aber ein schrecklicher Moloch! Gestank und Unrecht überall!« Jeder weiß ›seine‹ Story zu berichten, und jede ist schlimmer und grausamer als die vorhergehende.

Krishna ist auch in einer der Abteilungen und freut sich, seinen Mentor wiederzusehen. Von Beginn an bemüht sich der Inder um eine gute Arbeitsbeziehung zu Konrad Kästner. Wann immer es für Krishna möglich ist, sucht er seinen ›deutschen Freund‹, wie er seinen indischen Kollegen berichtet, in dessen Büro auf, um ihm seine Unterstützung anzubieten. Oft reißt er die Tür auf und steht im Raum, um erst dann wieder zu gehen, wenn er merkt, daß Konrad Kästner telefoniert. Sehr schnell nimmt sich der Deutsche vor, dem jungen Inder zu sagen, daß dieser zu klopfen habe und abwarten müsse, bis er hereingerufen würde.

Nach einiger Zeit fällt Herrn Kästner auf, daß Krishna fast täglich in sein Büro kommt. Jetzt wartet er zwar, bis »Come in« gerufen wird, aber jedesmal, wenn der Inder ihn besucht, hat er etwas über andere Inder zu berichten. Dabei geht es entweder um Tätigkeiten, die nicht korrekt durchgeführt wurden, oder um unpünktliches Verhalten oder um Material, das verschwunden ist, und ähnliche Geschichten über indische Kollegen, deren Namen dann in diesem Zusammenhang ungeniert genannt werden. Das freilich paßt Konrad gar nicht. Um dem Inder seine Grenzen zu zeigen und trotzdem nicht unhöflich zu sein, sagt er laut: »Ich habe es schon erfahren, Sie müssen sich nicht darum kümmern! Gehen Sie lieber wieder an die Arbeit!«

Zwei Tage danach kommt ein anderer Inder, der im Gepräch, wie nebenbei, berichtet: »Leider kann man in Indien zu den Mitarbeitern kein Vertrauen haben. Nehmen wir Herrn K., der neben seiner Tätigkeit im Werk mit Material des Unternehmens seine Privatgeschäfte macht!«

Nun hat Konrad Kästner aber genug von der Petzerei. Schon bei den ersten Geschichten, die ihm zu Ohren kamen, konnte den angeschwärzten Personen nichts nachgewiesen werden. Deshalb hat er auch keine Lust, diese Geschichte zu glauben. Er bedankt sich für den Besuch, sagt aber barsch: »Bitte gehen Sie, ich möchte so etwas nicht hören!«

Fragen

1. Warum kommt Ihrer Meinung nach Krishna so oft ins Büro?
2. Wie würden Sie mit den Informationen umgehen, die die jungen indischen Mitarbeiter weitergeben?

Antworten

1. Krishna fühlt sich für »seinen« Mentor verantwortlich, weil er einerseits einem Fremden bzw. einem Freund gegenüber Gastfreundschaft bezeigen muß, und zum anderen, weil er sich Herrn Kästner gegenüber verpflichtet fühlt, da dieser sich in Deutschland um ihn gekümmert hatte.
2. Eine aufmerksame, unauffällige Beobachtung der genannten Personen ist angebracht, aber auf jeden Fall sollte offenes Nachfragen und die Konfrontation der Betroffenen vermieden werden. Solch ein Verhalten wird immer häufiger beobachtet. Es wird vermutet, daß kontaktfreudige Inder eine Möglichkeit suchen, zu Ausländern eine Beziehung aufzubauen. Es kann aber auch vorkommen, daß die Begebenheit wirklich stimmt oder auch, daß sie stimmt, aber eine andere Person dafür verantwortlich zu machen ist und nicht die genannte Person. Um solche Fälle klären zu können, empfiehlt es sich mit einem Inder zu kooperieren, der sich im Betrieb auskennt und der vor allem eine gewisse Verantwortung trägt und daher Respekt genießt.

»Haben dich die Inder anfangs nicht ausgenutzt?«

Mumbai

Marc Mullan, ein 55jähriger Ire, ist fast sein gesamtes Arbeitsleben im selben irischen Speditionsunternehmen angestellt. Immer wenn er in Mumbai zu tun hat, so wird Bombay von den Indern genannt, kommt er mit karierten Hemden und Jeans an, wohnt im gleichen Hotel und arbeitet mit denselben Menschen zusammen, die dann sagen: »Der Feuerschopf ist wieder da!«

Es kommt vor, daß er vor neu Eingereisten aus Europa oder den USA behauptet: »Indien ist mein Zuhause!«, obwohl er außer einigen Gebäuden und Straßen in Mumbai wirklich nichts vom Land und seinen Menschen kennt.

Allerdings hat er während seiner vielen Reisen ständige Veränderungen in diesem kleinen Ausschnitt der reichsten Stadt Indiens wahrgenommen: die Reklamebilder amerikanischer Haushaltsgeräte mit ihren schönen, weißen Frauen oder die europäischer Autohersteller werden aufdringlicher, und Slums breiten sich schleichend entlang der Straßen aus. »Das fällt einem nur auf, wenn man immer wieder hierherkommt.«

Dann berichtet der »Insider« den Neuen: »Bombay ist auch ›Bollywood‹, die indische Filmmetropole. Hier entstehen Filme in Hindi, in Madras hauptsächlich in Tamil. Ob Mumbai zukünftig auch ›Mullywood‹ genannt wird?« Wenn er solche Informationen zum besten gibt, sind die Neuen beeindruckt und denken: ›Der kennt sich hier aus. Vielleicht kann er mir auch mal helfen.‹

Marc Mullan hat längst bemerkt, daß er und seine Klamotten meistens angestarrt werden, nicht nur von den Indern, sondern auch von den anderen Ausländern. Nicht nur seine rote Haarfarbe fällt stets sehr auf, auch sein langer und krauser Bart, der von Reise zu Reise langsam ergraut. Oft laufen ihm Kinder hinterher, um ihn zu hänseln oder mit ihm zu spielen, seinen Bart zu zupfen und an den wirren Haaren zu ziehen, seine helle Haut zu bestaunen oder die Haare an seinen Beinen zu zählen. Das läßt er dann gern zu und freut sich über die Bengel und über den Kindernachschub, der das Weiterleben garantiert.

Ja, wie er geht und wie er spricht: Alles ist anders als bei anderen

Ausländern in der Stadt. Aber er erlaubt sich, das zu tragen, was er in Irland auch anzieht. Allenfalls läßt er im Hotel zu, daß seine Jeans Bügelfalten bekommen, als würde er sich damit genug anpassen, denn Bügelfalten sind in Indien ein Muß. Dennoch gilt er, zumindest in seiner Firma, als »alter Indienhase«, so bezeichnet er sich auch selbst.

Heute trägt er sein grün-gelb kariertes Hemd und hat die Ärmel nach oben gekrempelt. Schließlich ist es in Indien wärmer als in Irland, selbst im Restaurant mit Klimaanlage scheint es ihm schwüler zu sein. Dort hat er Manfred Müller getroffen, einen Kollegen einer deutschen Spedition. Der Deutsche ist zum ersten Mal in Indien und trägt ein hellblaues Pilotenhemd und eine beige Hose. Sein Jakkett hat er über die Lehne des freien Stuhls neben sich gehängt. Dies ist sein erster Abend. Als der indische Restaurantchef kommt und ihn zuerst nach seinen Wünschen fragt, weiß er nichts zu antworten. Der Ire greift ein und bestellt Chicken-Curry und zwei Bier.

Dann kommen die Männer ins Gespräch, und Marc Mullan sagt: »Jedesmal, wenn ich längere Zeit in Bombay bin, na ja, jetzt sagen die ja Mumbai dazu, und ein Schiff mit Waren erwarte, hole ich mir einen Agenten. Inzwischen habe ich drei Stammkollegen, auf die ich mich verlassen kann. Sie nehmen mir alle Behördenwege ab, holen die Waren aus dem Zoll, geben mir gute Ratschläge und berichten täglich über den Stand der Dinge. Ich hab sie gut erzogen. Dafür bezahle ich natürlich eine gewisse Summe, die aber wahrscheinlich die Höhe des Bestechungsgeldes nicht erreicht, die ich zahlen müßte, wenn ich den gesamten Ablauf selbst regeln würde. Außerdem spare ich Zeit, weil die Inder untereinander Geschäfte schneller abwickeln, und das Gefühl, ausgenutzt zu werden, kommt bei mir gar nicht mehr auf.«

Herr Müller hört gespannt zu und merkt, was er alles noch vor sich hat, bevor er von einem gelungenen Ablauf seiner Geschäfte in Indien sprechen kann. Nach kurzer Atempause fährt der sonst eher schweigsame Ire fort: »Ich zahle den Agenten eine gute Provision, die auch Bakschisch für andere beinhaltet. Je besser sie mit dem Geld umzugehen verstehen und dabei alles zufriedenstellend erledigen, desto mehr können sie selbst davon behalten.« Marc betrachtet den ihm zuhörenden Deutschen und beendet seinen Monolog, bevor er sein Bier in einem Zug austrinkt. Mit der linken Hand verteilt er genüßlich den Schaum im Bart.

Es dauert eine Weile, bis Manfred Müller wissen möchte: »Haben dich die Inder anfangs nicht ausgenutzt?«

»Doch, natürlich haben sie es versucht, überhöhte Gebühren abgerechnet und ihre bezahlten Arbeitszeiten falsch angegeben. Bis ich einen von ihnen, möglicherweise den falschen, mal wütend angeschrien habe und fragte, warum man sich auf Inder nicht verlassen könne. Sie kommen zu spät und würden die Geschäftspartner ausnutzen. Als mir der Inder daraufhin die Unterlagen vor die Füße knallte, sonst aber gelassen reagierte und mir ohne Aggression vorwarf, warum ich über die Unzuverlässigkeit der Inder klagen würde, wenn ich zweimal jährlich auftauchte, obwohl die Geschäfte immer gut abgewickelt würden. Er erinnerte mich daran, daß ich doch nach Indien gekommen sei, weil mir zu Hause alles zu geregelt vorkäme. Ich hätte ihm selbst gesagt, daß in Irland alle Abläufe berechenbar seien, daß es keine Überraschungen mehr gäbe, nichts, was außergewöhnlich wäre, was mich herausfordern könnte. Er erinnerte mich auch daran, daß ich es langweilig fände, wenn im Job nichts Neues passiere und auch das Familienleben immer gleichförmig sei. Seine Analyse lautete, daß ich immer wieder gerne nach Bombay käme, um ein Abenteuer zu erleben oder zumindest rauszukommen. Dann verschwand der Mann für immer, der von da an ein Freund hätte werden können. Ich blieb zurück und habe viel über mich nachdenken müssen. Dann erst hab ich die Zusammenarbeit mit den drei Agenten aufgebaut.«

Fragen

1. Was finden Sie gut an Marc Mullan, was würden Sie von ihm übernehmen?
2. Was ist Ihrer Meinung nach unangemessen an Marcs Verhalten?
3. Wie bewerten Sie die Rolle des Inders, der ein Freund hätte werden können?

Antworten

1. Daß Marc Mullan seinen Agenten genügend Geld für deren Aufgaben überläßt, nicht jedes Detail überprüft und ihnen dadurch ermöglicht, ihren Spielraum zu nutzen, kommt ihm selbst zugute. Außerdem bekommen die Agenten das Gefühl, für den Europäer wichtige Geschäftspartner zu sein, und verhalten sich entsprechend.
2. Normalerweise wird in Indien davon ausgegangen, daß Geschäftspartner im Business-Look erscheinen, so wie Herr Müller. Das war sicher auch der Grund, warum der Deutsche im Restaurant zuerst angesprochen wurde. Daß sich Marc erlaubt, sich so zu verhalten, wie in Irland, ist nur möglich, weil er einerseits seine Geschäfte über Agenten abwickelt und daher nicht direkt mit denen zu tun hat, die ihn ablehnen könnten, und er andererseits seinen Bewegungsradius nicht ausweitet, sondern seinem Hotel und dem Viertel treu bleibt. Die Menschen dort haben sich eben an den Rothaarigen gewöhnt.
3. Der frühere indische Mitarbeiter hatte Marc Mullans Situation (und die vieler Ausländer/innen) richtig erkannt und sein Wissen zur passenden Gelegenheit weitergegeben. Durch die Tatsache, daß der Inder seinem Auftraggeber und Chef offen die Meinung sagte, war es für ihn undenkbar, mit Marc weiterzuarbeiten. Schließlich stand er in der Hierarchie unter dem Iren. Vielleicht konnte der Inder deshalb so direkt reagieren, weil er kaum Respekt vor Marc hatte (so wie sich der Europäer gab), zumindest hatte er seine Grenze der Respektlosigkeit überschritten. Andererseits ist Marc es gewohnt, daß jemand, der ihm offen sagt, was er von ihm hält, entweder ein Freund oder ein Feind ist. Ein Freund aber konnte der Inder nach dieser Aussprache nicht mehr werden. Dennoch hat Marc Mullan viel daraus gelernt.

»Was ist denn los?«

Neu Delhi

»Das ist aber schwül hier in Delhi! Ist es immer so stickig?« Mit diesen Worten begrüßt Detlef Dunker seinen indischen Kollegen, Dayal Das, der ihn am Indira Gandhi International Airport empfängt. »In der Halle hier ist es doch angenehm kühl. Draußen ist es wirklich heiß.« Der Motor summt, und die Klimaanlage läuft auf vollen Touren, als der Fahrer seinen Chef, Herrn Das, und den deutschen Gast bittet, in die schwarze Limousine einzusteigen, um hinter ihnen die Türen zu schließen.

Der Weg durch die Hauptstadt zum Hotel, wo der Deutsche zunächst einquartiert werden soll, führt sie an weißen Palästen, prunkvollen Residenzen und prächtigen Parkanlagen vorbei, an deren Rändern reihenweise gepflegte Rikschas auf Kunden warten. Der Deutsche ist sehr beeindruckt und denkt an London und andere britische Orte. Dann ruft er dem indischen Kollegen zu, der wegen der rauschenden Klimaanlage seine Ohren spitzen muß: »Die Engländer haben sich hier deutlich niedergelassen! Unübersehbar. Es ist hier auffälliger als im Mutterland selbst.«

Am Tag danach sollte Herr Dunker mit seiner neuen Aufgabe im Unternehmen beginnen. Er wählte ein mittelblaues Pilotenhemd mit kurzen Ärmeln und eine helle Hose für den ersten Tag. Schließlich war es heiß, und all zu förmlich wollte er im Betrieb nicht erscheinen.

Sein Kollege, Herr Das, begleitete ihn morgens durch das Werk, um ihn überall vorzustellen. Detlef Dunker ist der erste Deutsche, der für das Joint-venture in Indien ausgesucht wurde. Er machte das Rennen der Bewerber, weil er für das Unternehmen schon einmal einige Jahre in Singapur tätig war und von dort viele Erfahrungen nach Indien mitbringen wird, meinte der Personalchef in Deutschland.

Als Detlef Dunker von seinem Kollegen den indischen Mitarbeitern und Mitarbeiterinnen vorgestellt wird, wird er von den meisten freundlich begrüßt. Indische Ingenieure laden ihn gleich zu ihren Arbeitsplätzen ein, um ihm stolz zu zeigen, was sie produzieren. Ein Sekretär und die Sekretärin begleiten ihn zu seinem neuen Schreibtisch. Der Bürodiener legt zur Begrüßung seine beiden Hände um Herrn Dunkers Hände und bietet ihm Coca-Cola an. Der Deutsche fühlt sich gleich wohl und denkt: ›Netter kann der Empfang nicht sein! Es wird bestimmt eine angenehme Zeit hier.‹

Von Anfang an bemüht sich Herr Dunker um ein gutes Verhältnis zu seinem Team. Er hält Small talks und scherzt sogar mit dem Bürodiener. Dayal Das, der das gerade beobachtet, verzieht sein Gesicht und zischt den sich duckenden Alten an, der sich daraufhin zurückzieht.

In ein weiteres Gespräch, das Herr Das mitbekommt, greift er wieder ein. Er weist auf Hindi einen Ingenieur zurecht, der daraufhin den Raum verläßt. Detlef Dunker versteht zwar kein Hindi, merkt aber am Verhalten der beiden Männer, daß der eine den anderen kritisiert.

Als er später mit seinem indischen Kollegen zusammen ist, fragt er ihn: »Was ist denn los?« Der scheint das nicht gehört zu haben, zumindest reagiert er auf die Frage nicht. Herr Das geht zum Konferenztisch, öffnet eine Akte, nimmt eine Seite heraus und stellt Herrn Dunker ein Programm vor, über das die beiden heftig diskutieren und herzlich lachen. Von Uneinigkeit keine Spur.

Fragen

1. Warum hat der indische Kollege beim Small talk eingegriffen?
2. Hätten Sie sich anders als Herr Dunker verhalten?

Antworten

1. Herr Das befürchtet, daß Herr Dunker die Hierarchieebenen nicht eindeutig erkennt und sich nicht klar abgrenzt. Da er darin ein Problem sieht, das dem Ansehen des Deutschen in seinem Team schaden könnte, sorgt er für Eindeutigkeit. Mit dem deutschen Kollegen kann er nicht so einfach darüber sprechen, die Inder kann er jedoch in ihre Grenzen verweisen.
2. Es ist gut, daß Detlef Dunker nicht auf einer Klärung bestand. Es wäre sonst wahrscheinlich zu einem härteren Gespräch gekommen.

»Du kannst dich immer auf mich verlassen!«

Pune

Die Stadt ist in Indien mehr als Industriestadt denn als einst bevorzugte Oase der Orange People, den Sanyassin des Sri Bhagwan Rajneesh, bekannt. Ende der siebziger Jahre allerdings war das Stadtbild ziemlich orange bis dunkelrot gefärbt, von Kleiderständen in den Basaren über auffallende europäische und amerikanische Träger/innen der leuchtenden Uniform bis hin zu roten Zelten, die sich in der Nähe des Max-Müller-Bhavans, des Goethe-Instituts, ausgebreitet hatten. Pune war eingenommen, die Lebensbedingungen für die Bevölkerung waren teurer geworden, doch einige verdienten viel Geld mit den Sanyassin. Das Zentrum, der Aschram, lag im Koreagon Park, in dem es auch heute noch für die Oshos, die Nachfolger der Sanyassin, liegt.

Pune war einst eine Sommeridylle und ein Erholungsort, aber das ist schon sehr lange her. Heute kann man mit der Bahn in vier Stunden von Mumbai aus in Pune sein. Pune ist zwar eigenständig, ist aber auch Vorort für den Moloch Bombay. So haben sich in der Zwischenzeit viele amerikanische, asiatische und europäische Firmen angesiedelt, unter anderem auch deutsche Großunternehmen.

Paul Peters ist Mitarbeiter eines deutschen Automobil-Unternehmens. Er lebt nicht immer in Indien, reist aber oft nach Pune. Ist er länger im Land, bringt er manchmal auch seine Familie mit. Diesmal ist er für einige Wochen gekommen, um als Leiter neue Projekte zu implementieren und nach dem Fortschritt des laufenden Vorhabens zu sehen. Außerdem möchte er den neuen indischen Abteilungsleiter begrüßen. Peer Pasan, der deutsche Mitarbeiter in Pune, hatte ihn um Unterstützung gebeten.

Vor zwei Jahren hatte Herr Peters den zwanzigjährigen Prassad eingestellt, obwohl der Inder fachlich nicht gut ausgebildet war. Der junge Mann aber erschien ihm kompetent, weil er sich handwerklich geschickt zeigte. Außerdem wußte er den Ablauf des Projektes logisch zu antizipieren, was dem Deutschen sehr hilfreich schien.

Prassad war sehr engagiert, arbeitete bis zu zehn Stunden täglich, und das sechs Tage in der Woche, und war oft eng mit Peer zusammen. Der ältere Deutsche verstand sich als Mentor und lud seinen

Zögling manchmal zu sich nach Hause ein. Es kam auch vor, daß Prassad mit Peers Familie Ausflüge unternahm. Mit der Zeit freundeten sich die beiden Männer an, und Peer sagte dem Inder: »Du kannst dich immer auf mich verlassen!«

Oft lobte der Deutsche seinen Mitarbeiter, manchmal auch vor anderen, um seine geringere Ausbildung zu kompensieren und seine Position zu stärken. Er arbeitete schließlich auch anders: zuverlässiger, kreativer, verantwortungsvoller als die anderen indischen Kollegen. Prassad sollte auch den Mut haben zu widersprechen, falls ihm an Peer etwas mißfallen sollte.

Der neue indische Abteilungsleiter ist gerade zwei Tage am Projekt beteiligt. Er kennt im Unternehmen niemanden privat, weil er aus Kalkutta zugezogen ist. Über seine Mitarbeiter/innen ist er inzwischen bestimmt nicht nur durch die Personalakten informiert worden.

Während seiner ersten Versammlung versucht der neue Chef, Mr. Patel, Prassad zu disziplinieren und vor den Kollegen in die Stellung eines Minderwertigen zu drücken. Dieser ist sehr irritiert, blickt zu Peer und hofft auf den gewohnten Beistand. Doch auch der Deutsche ist sich dem indischen Vorgesetzten gegenüber nicht sicher und hält sich deutlich zurück.

Fragen

1. Worin liegt das Problem?
2. Bitte bewerten Sie Peers Verhalten während der Versammlung.
3. Wie geht es mit Prassad und Peer weiter bzw. welche Rolle kann Paul Peters einnehmen?

Antworten

1. Prassad hatte zwar Glück, so eine Unterstützung zu genießen, aber daß er von Peer aus der indischen Hierarchie (Unterschiede bezüglich des Alters, der Lebenssituation und des Status im Unternehmen) und vor den anderen sichtlich bevorzugt wurde, erzeugt Neid und kann nicht gut ausgehen.

2. Das ist eine heikle Situation: einerseits ist es unfair, den Freund nicht zu verteidigen, andererseits darf er ihn in der Öffentlichkeit auch nicht (mehr) bevorzugen. Es wäre gut gewesen, wenn Peer die Situation entschärft hätte, z. B. indem er auch die Leistungen anderer Personen nennt. Für seinen indischen Freund ist nur zu hoffen, daß sich die beiden sofort danach aussprechen konnten.
3. Die Freundschaft wird sich zu einem kollegialen Zusammenarbeiten verändern müssen, wenn Prassad überhaupt noch im Unternehmen bleiben kann. Paul Peters kann von Chef zu Chef die Chance nutzen, den Konflikt zu entschärfen. Der Erfolg hängt von der Beziehung zwischen den beiden Vorgesetzten ab. Da sie sich aber noch nicht gut kennen, sollte Herr Peters etwas zum Aushandeln anbieten, z. B. die fachliche Weiterbildung indischer Mitarbeiter oder bessere Bedingungen für die Zusammenarbeit zwischen den Abteilungen in Deutschland und in Indien oder ähnliches. Verhandlungsmasse ist auf jeden Fall wichtig.

»Ich hab es mit meiner indischen Familie gut getroffen!«

Surat

Herr Suhling ist ein temperamentvoller, stämmiger Münchner, der fröhlich ist, gern lacht und ein wenig laut spricht. Als es im letzten Jahr darum ging, je eine Auslandsstelle in China, Indien und in Rußland zu besetzen, wofür sich einige Techniker beworben hatten, war dem Personalchef in München schnell klar, daß sein Mitarbeiter, Siegfried Suhling, zwar fachlich für alle drei Einsatzorte qualifiziert ist, aber von seiner Persönlichkeit aus gesehen am besten nach Indien passen würde. Für den Bewerber kam entweder China oder Indien in Frage, nach Rußland wollte er auf keinen Fall gehen. Also ging er nach Indien.

Es stand von Anfang an fest, daß Herr Suhling den auf zwei Jahre befristeten Aufenthalt ohne seine Familie in Indien verbringen würde. Da er damit rechnen konnte, öfter nach Hause fliegen zu müssen, nahm er an, rund viermal im Jahr nach Deutschland zu reisen. Außerdem war mit seiner Ehefrau und den Kindern verabredet, daß sie in den Ferien nach Indien kommen sollten.

Surat liegt mit seinen eineinhalb Millionen Einwohnern am Golf von Cambay, im Westen Indiens, auf der Strecke zwischen Ahmadabad und Mumbai. Siegfried Suhling ist froh, in Surat sein zu können, obwohl er die Stadt nicht besonders schön findet. Aber die großen Ausländerkolonien, in denen man beobachtet, beneidet und in denen über einen hergezogen wird, gibt es hier nicht. Das Ghetto-Leben von Ausländer/innen hat seine Vor- und Nachteile, doch Herr Suhling fühlt sich schnell kontrolliert und sieht folglich mehr die Nachteile.

Der Deutsche lebt in Surat dort, wo sich ausländische Fachkräfte nicht niederlassen würden, aber gerade noch zugelassen sind. In einer typisch indischen Wohngegend hatte er ein kleines Haus in der Nähe einer Parkanlage gefunden. Das Wertvollste dieser Gegend sind die Banyan-Bäume, die im Park gehegt und gepflegt werden. Immer wieder kann Siegfried die Rituale der Hindus beobachten, die Opfergaben und Gebete zu Ehren der Heiligen Feigenbäume und der Götter in den Park bringen.

Im Untergeschoß des Hauses, welches Herr Suhling angemietet hat, wohnt eine indische Familie, die für ihn putzt und die Einkäufe erledigt und auch sonst auf den Strohwitwer aufpaßt. Das berichtet der Inder, hagerer Familienvater von fünf kleinen Kindern, der immer nur mit einer Dhoti bekleidet ist, allen Menschen, die ins Haus kommen. Der Mann im Lendenschurz sagt dann, sobald er die Tür öffnet, um Gäste hereinzubitten, während er seine beiden Hände zum Gruß vor seiner Brust zusammenlegt und sich dabei tief verbeugt: »Namaskar, was für eine Ehre für mich.«

Einmal hat er sich sogar bis auf den Boden geneigt und mit seiner Stirn die Füße des Gastes berührt. Das war Herrn Suhlings Vater passiert, als er zu Besuch kam. Dieser war so überrascht und fand diese Form der Unterwürfigkeit derart peinlich, daß er sich seinem Sohn zuwandte und ihn bat, dafür zu sorgen, daß der Inder aufstehen möge. Er konnte die Ehrerbietung des mindestens dreißig Jahre Jüngeren einfach nicht annehmen. Doch das Verhalten, das er als Unterwürfigkeit negativ bewertete, stellt in Indien eine positive Aufwertung dar. Unterwürfigkeit oder besser gesagt, das Zeigen von Anerkennung und Respekt, ist in vielen Ländern Asiens zu finden und macht Menschen aus Europa und den USA zu schaffen, da sie es als »schleimig«, »seicht«, »hinterhältig« und mit ähnlichen Attributen beschreiben.

Die Kinder des Hauses kommen gelegentlich zum Spielen oder zum Ausfragen. Ausfragen scheint das beliebteste Spiel zu sein. Und ab und zu treffen sich die beiden Männer und trinken einen kleinen indischen Schnaps zusammen, der Surati bevorzugt den Geschmack von Cashew, der Münchner den der Kokosnuß. Dann führen sie Gespräche über die steigenden Preise für Schnaps oder daß es viel Geld kostet, Kinder großzuziehen. Und weil es längst ihr Ritual ist, schimpft der Inder meistens und zeigt sich wirklich besorgt: »Nein, nein, die Jugend hat wirklich keinen Respekt mehr.« Der Deutsche entgegnet gewöhnlich: »Wohin soll das noch führen?« Dabei denkt er allerdings weniger an die Jugend als an die ihm immer deutlicher auffallenden krassen Unterschiede der Lebensmöglichkeiten für die Menschen in diesem Land.

Siegfried Suhling unterhält sich gern mit dem Inder und fühlt sich dann ganz zu Hause in Indien. Manchmal jedoch amüsiert er sich auch über deutsche Kollegen, korrekt im Anzug, wenn sie vom Dhoti-Mann ins Haus geleitet werden. Fast kann er ihr inneres Kopfschütteln sehen.

Der Münchner ist gern in Indien, und wenn er mit seiner Frau in Deutschland telefoniert, berichtet er oft: »Ich hab es mit meiner indischen Familie gut getroffen, du brauchst dir keine Sorgen zu machen!«

Im Bürogebäude teilt sich Siegfried Suhlig mit seinem Kollegen Shankar eine kleine Etage, d. h. zwei Büroräume, ein Sekretariat, eine Abstellkammer mit Wasseranschluß und eine Toilette. Seinen deutschen Kollegen hatte er zu Anfang berichtet: »Shankar ist im Grunde ein sehr netter Kerl, der nur einen Fehler hat: er kommt immer zur Tür rein, ohne vorher anzuklopfen!«

Eines Tages, es war noch ziemlich am Anfang ihrer Zusammenarbeit, als Shankar wieder einmal den Raum betritt, ohne anzuklopfen, und irgend etwas zu erzählen beginnt, ist Siegfried derart genervt, daß er ihn laut, fast barsch, ermahnt, das nächste Mal anzuklopfen und auf das »Yes, please« zu warten. Shankar drehte sich um und verschwand ebenso schnell durch die Tür, wie er hereingekommen war. Seit diesem Tag betritt der Inder Siegfrieds Raum nicht mehr. Wenn er den Deutschen treffen möchte, läßt er das durch die Sekretärin ankündigen, die Herrn Suhling dann bittet, Herrn Shankar zu besuchen.

Fragen

1. Können Sie sich vorstellen, warum sich der Personalchef in München für Siegfried Suhling entschieden hat, um die Stelle in Indien zu besetzen?
2. Können Sie sich das Verhalten von Herrn Shankar erklären, und war es richtig von Herrn Suhling, dem Inder gegenüber so zu reagieren?

Antworten

1. Für China wäre Herr Suhling mit seiner wenig zurückhaltenden Art wahrscheinlich zu laut und dominant gewesen und hätte möglicherweise deswegen Probleme bekommen. In Indien spielt das im Grunde keine so große Rolle.
2. Es ist keine individuelle Marotte von Herrn Shankar, einfach ins Büro des Kollegen zu gehen, ohne zuvor anzuklopfen. Dies wird aus Indien häufig berichtet. Das hat etwas damit zu tun, daß es traditionell keine abgeschlossenen Räume gab und daß es unter Kollegen (gleiche Aufgaben bzw. Hierarchiestufen) keine Geheimnisse gibt oder geben sollte. Warum sollte sich dann jemand einschließen und andere ausschließen? Und warum sollte man den Luftzug zwischen einzelnen Zimmern nicht genießen? Es war jedoch für Herrn Suhling wichtig und richtig, das Bedürfnis nach Anklopfen zu äußern, aber er hätte seinem Kollegen sehr ruhig und zu einem anderen Zeitpunkt mitteilen können, daß es in Deutschland üblich ist, die Türen zu schließen.

4. BAKSCHISCH UND KORRUPTION

»Ticket, please!«

Amritsar

In den sechziger Jahren ist Andreas Amberg zum erstenmal nach Amritsar gekommen. Er war von Deutschland aus mit Bussen durch die Türkei und den Iran nach Afghanistan gereist und dann über Pakistan nach Indien gelangt. Wie viele andere auch wollte er nach Goa. Er hat es nie erreicht. Der kühlere Norden Indiens hat es ihm angetan, dort blieb er hängen, als er vor dem Eingang des Goldenen Tempels der Sikh mit einem Inder ins Gespräch kam. Herr Singh wurde ihm ein Freund, und nur zu ihm fährt Andreas, wenn er nach Indien reist. Diese Reise ist seine zwölfte.

Herr Amberg ist inzwischen der Leiter eines Physik-Instituts in Ostdeutschland. Von seinen Mitarbeitern, es sind nur Männer im Team, war noch niemand in Asien. Manchmal denkt er darüber nach, woran das liegt, daß die Jüngeren im Institut Studienreisen nach England oder Amerika bevorzugen oder sich für einen Vortrag nach Australien anheuern lassen, aber niemand mehr andere Welten entdecken mag. Er stellt fest, daß sich seine Mitarbeiter Auslandsaufenthalte als karrierefördernde Berufsaufenthalte organisieren. Oft denkt er darüber nach und fragt sich und manchmal auch die anderen: »Lernt man dabei wirklich etwas von Land und Leuten kennen? Was heißt es denn, wenn ihr behauptet, ihr würdet die USA kennen, wenn ihr allenfalls Hotels oder Institute in Boston, New York, San Francisco oder Houston gesehen habt?« Die Tagungen hätten ebenso in Bowling Green oder Springfield stattfinden können. Dort sehen die genormten Hotels genauso aus.

Die erste Reise nach Asien hatte ihn so beeindruckt, daß er sich gern daran erinnert und sich hin und wieder auch danach zurücksehnt. Dem Bedürfnis, ohne deutsche Konventionen auf den ihm bekannten Pfaden in die fremde Welt zu reisen, gibt er manchmal nach. Wenn er sich dann zu Hause verabschiedet, nennt er das: »Aussteigen auf Zeit.«

Immer wenn er nach Indien reist, verwandelt er sich gern zum Studenten bzw. immer wenn er das Bedürfnis hat, ein Student zu sein, dann reist er nach Amritsar. Dabei ist es inzwischen hauptsächlich die Seelenverwandtschaft, eine Befriedigung, die er sucht und findet, wenn er mit dem Freund, einem Umweltingenieur, über das Leben spricht, über das Werdende und Vergängliche, die Kräfte der Naturkreisläufe, über das, was ein Physiker gern messen würde, auch wenn es ihm nicht gelingt. Im Institut hörte er kürzlich jemanden sagen: »Ach, du gehst wieder zu deinem Guru!« Die Kollegen können nicht anders als spötteln. Woher sollen sie auch wissen, was mit einem geschieht, der die Kulturgrenzen wirklich überschreitet. Und deswegen war seine Antwort: »O ja! Ich muß ihn mal wieder besuchen und Kraft schöpfen.«

Es hörte sich an, als ob eine Reise nach Indien einfach wäre und nicht anstrengend. Und nun reist Andreas Amberg im Nachtzug von Delhi nach Amritsar. Der Zug ist überfüllt, weil alle nach Hause fahren möchten, denn morgen soll das Holi-Fest gefeiert werden. Sein Freund hatte ihn extra dazu eingeladen. Das Spektakel mit den übermütigen und zu lauter Musik tanzenden Menschen auf der Straße, das Fest, bei dem sich die Menschen mit rotem Puder schmücken, ist zum Frühlingsbeginn immer ein Ereignis. Der hellhäutige Deutsche ist schon bei früheren Besuchen eingefärbt worden und danach mit einem rosa Schimmer in seiner Unterwäsche wieder abgereist. Inzwischen weiß er sehr gut, daß er sich das, was er anziehen möchte, sehr genau aussuchen muß. »Das bunte und fröhliche Holi-Fest ist wirklich etwas Besonderes.« Darüber berichtet er zu Hause gern und zeigt seine Dias dazu. Was soll er schon über die Gespräche mit seinem Freund erzählen.

Diesmal hat Herr Amberg keinen Platz im Zug mehr reservieren können, in keiner der Klassen. Die Männerabteile sind alle ziemlich voll. Kleinkinder gibt es wenige, die sitzen wahrscheinlich auf dem Schoß ihrer Mutter im Frauenabteil. Jugendliche toben herum und suchen alle noch einen Sitzplatz. Andreas hat wirklich Pech.

›O Gott, ich werde bis zum Ziel stehen müssen, und das nach dem langen Flug, wenn ich nicht den Mut habe, mich auf den Boden zu legen.‹

Während er noch darüber nachdenkt, wie er zu einem Platz kommen könnte, und schließlich doch beschließt, die Männer im Abteil über seinen Wunsch, sich notfalls auf den Boden zu legen, zu informieren, fängt ein Mitreisender an, seine mitgebrachten Speisen auszupacken: in Plastikbehältern aufbewahrte Tandoori-Hühnerschenkel, Chapati und Salatblätter. Ein anderer ißt mit Dhal gefülltes Schmalzgebäck, und der nächste kramt ebenfalls im Netz, um Kekse und getrocknete Früchte zu holen. Schließlich spricht niemand mehr, und alle essen, nur Andreas steht und hat nichts dabei, außer einer Flasche Wasser. Aber er ist froh, gerade noch den letzten Zug erreicht zu haben, sonst hätte er sich in Delhi ein Hotel suchen müssen. Und dann erinnert er sich an das letzte Gespräch im Institut und murmelt leise in sich hinein: »Ja, ich reise zu meinem Guru!«

Der älteste Inder im Abteil, ein zierlicher, drahtiger Mann, dessen Gesicht viel Lebenserfahrung verrät, bietet Andreas etwas von der Linsenköstlichkeit an und sagt: »Nehmen Sie, essen Sie, es gibt genug davon, und viel von dem Schmalzgebäck kann man sowieso nicht vertragen.«

Der Fremde bedient sich gern, nachdem er sich mit einem Kopfnicken bedankt hat. Alle genießen, das verrät immer wieder das laute Schmatzen. Die rechte Hand des Tandoori-Liebhabers ist längst rot gefärbt und fettig, und er bemüht sich sehr, die köstliche Sauce laut schmatzend von den Fingern abzulecken, bevor er sein kleines Handtuch zum Reinigen benutzt und mit einem Rülpsen das Ende seines Mahles verkündet. Sein Nachbar macht sich plötzlich durch ein lautes Rotzen bemerkbar, ein Geräusch, das in Indien akzeptiert wird. Er zieht noch einmal die Nase hoch, und hätte sich Andereas in den vielen Jahren nicht daran gewöhnt, würde es ihn stören. Obwohl er es jedesmal hört, zuckt er dennoch zusammen während er weiterißt.

Gegen Mitternacht sind alle Reste wieder eingepackt, Chai, ein süßer Milchtee, der im Zug regelmäßig angeboten wird, ist längst getrunken, und die Reisenden sind ruhiger geworden. Die wenigen Kinder, die im Männerabteil reisen, schlafen längst, die kleineren zum Teil in einem der Gepäcknetze. Die meisten Kinder reisen mit ihren Müttern im Frauenabteil. Nur noch der hagere Alte sucht in der schwarzen, vorbeirauschenden Landschaft etwas zu entdecken.

Andreas fragt ihn leise: »Ist es möglich, daß ich mich auf den Boden lege?«

Der Alte schwenkt seinen Kopf mehrmals von der einen Schulter zur anderen, die er beide auch gleichzeitig hochzieht.

Nach einer halben Stunde, das abgedunkelte Licht wird erbarmungslos wieder angeknipst, kommt der Kontrolleur, der mit seinem Fuß den Deutschen tritt und harsch ruft: »Ticket, please!«

Andreas ist übermüdet, war er doch gerade erst im gleichmäßigen Rattern des Zuges eingeschlafen, dann noch die ungewohnte Sprache des Schaffners, der fast zwei Meter über ihm steht. Die Akustik läßt ihn einfach nichts verstehen. Aber er ahnt sofort, daß er nicht auf dem Boden liegen sollte. Da er sehr müde ist und keine Kraft hat aufzustehen, reicht er aus der Tiefe dem Beamten zusätzlich zu seiner Fahrkarte auch 20 Rupien.

Fragen

1. Sollten Sie in eine ähnliche Situation kommen, daß Sie für den Nachtzug keinen Platz reserviert haben, wie würden Sie sich verhalten? Würden Sie ohne Reservierung überhaupt reisen? Wie finden Sie es, daß Andreas sich auf dem Boden des Abteils niedergelassen hat?
2. Würden Sie auch Geld geben, um den Beamten zu besänftigen und liegenbleiben zu können?
3. Wie würden Sie darauf reagieren, wenn in Ihrer Gegenwart gerülpst und laut die Nase hochgezogen würde?

Antworten

1. Es ist verständlich, daß Andreas nicht mehr stehen kann, aber sich im Abteil vor die Füße anderer zu legen, sollte vermieden werden. Sie sollten wissen, daß Sie dann mit Reisenden identifiziert werden, die sich nicht zu benehmen wissen. Solch ein Verhalten kann auch dazu beitragen, Vorurteile (oder auch Urteile), die z. B. durchaus gegen Rucksacktouristen herrschen, zu bestätigen.
2. Wenn der Beamte glaubt, daß es jemand gesehen haben könnte,

ist es ihm unangenehm, denn er darf kein Bestechungsgeld annehmen. Er weiß: Wenn er es vor Zeugen annimmt, kann er verraten werden. Er trägt ein hohes Risiko, denn Korruption ist verboten (wenn sie auch überall vorkommt).

3. Diese Geräusche bereiten den meisten ausländischen Reisenden Probleme. Viele wenden sich angewidert ab, manche stehen sogar einfach auf und lassen den indischen Nachbarn allein sitzen. Jüngere und die im Ausland ausgebildete Ober- und Mittelschicht hängt diesen Gewohnheiten weniger nach. Sie können es dennoch überall hören, bei einer privaten Einladung oder im Restaurant – unter Umständen auch, wenn Sie in Deutschland indische Gäste haben.

»Machen Sie sich keine Sorgen.«

Kalkutta

Die Kaisers sind seit acht Monaten in Indien. Für ihre Wohnung in einem mehrstöckigen Hochhaus zahlen sie monatlich viel Geld. Aber sie wollten unbedingt die oberste Penthaus-Wohnung haben, weil diese auf einen sehr großen Dachgarten führt. Kathrin Kaiser stellte sich schon vom ersten Besuch an ihre langen Abende auf der Terrasse vor und freute sich auch über den Ausblick. Zu ihrer Freundin sagte sie damals: »Komm zu Besuch. Hier oben ist nicht Indien. Vom Lärm und Gestank des Verkehrs kriegst du hier nichts mit. Der Ausblick über die Parkanlagen und Brücken ist phantastisch und der Sonnenuntergang: ein Genuß.«

Ihre Bekannten und Freunde, ausländische und indische, feiern gern bei den Kaisers auf der Terrasse, und Kathrin geht auch nicht arbeiten, so daß sie gern Menschen einlädt, für sie kocht oder Essen besorgt.

Frau Kaiser schwärmt oft von ihrer bereits möbliert gemieteten Wohnung. Für indische Verhältnisse und indischen Geschmack ist die Wohnung sehr modern. Die Armaturen in der Küche und im Badezimmer sind ausgezeichnet. Der Putz ist annehmbar. Die Kaisers sind die ersten Mieter dieses neugebauten Penthauses. Inder würden nie soviel Geld für so eine Wohnung ausgeben, deswegen wohnen fast nur ausländische Familien aus vielen verschiedenen Ländern im Haus. Wohlhabende indische Kollegen von Klaus Kaiser kommen gern zu Besuch, um zu sehen, wie wohlhabende Deutsche so hoch oben leben. Die meisten Inder/innen würden sich lieber ein Haus kaufen und ebenerdig in einer Nachbarschaft leben. Das zumindest wird den Kaisers oft signalisiert.

Während eines dieser festlichen Abendessen stellt sich heraus, daß das schmiedeeiserne Geländer der Terrasse auf der einen Seite locker ist. Einige Stäbe sind am Fuß angerostet und haben sich vielleicht deshalb gelockert, weil sich oft Gäste daran anlehnen.

Herr Kumar, der indische Geschäftspartner von Herrn Kaiser, betrachtet die Schadstelle einige Minuten und warnt die Gäste, sich anzulehnen. Im Gespräch mit Klaus Kaiser erzählt der Inder, daß er den Vermieter gut kenne: »Wir sind alte Freunde. Sind in die gleiche Schule gegangen und haben uns immer geholfen. Jetzt ist er in den USA unterwegs, und Sie brauchen Hilfe für das Geländer. Ich werde Ihnen helfen im Sinne meines Freundes und mich mit der Baufirma in Verbindung setzen, damit sie einen Handwerker schickt. Sind Sie einverstanden?«

Was hätte den Kaisers besseres passieren können, als daß ein Ortskundiger und Kollege sofort die Sache in die Hand nimmt. Deshalb antwortet der Mieter: »Aber selbstverständlich sind wir damit einverstanden. Vielen Dank. Was können wir noch tun?«

»Sie werden die Kosten tragen müssen, denn sie haben ja ein intaktes Geländer vorgefunden. Es wird aber nicht so teuer werden, wenn ich es vermittle. Am besten wir vereinbaren einen Festpreis, damit alle Aufgaben enthalten sind und nicht hinterher mehr Arbeitsstunden abgerechnet werden oder das Material plötzlich teurer ist, als vorher angegeben. Das gesamte Geländer muß entfernt werden, die Schadstellen ausgebessert und die Löcher mit einer Spezialmasse bearbeitet werden. Zwei Arbeiter werden nötig sein.«

Die Kaisers wirken etwas ratlos. Zum einen finden sie, daß der Schaden Sache des Besitzers ist, und zweitens haben sie keine Preisvorstellung und können daher die Kosten nicht einschätzen. In Deutschland wären diese Arbeiten teuer. Also fragt Klaus Kaiser seinen Kollegen: »Welche Summe schlagen Sie vor?«

»Ich gehe von 400 Dollar aus. Das wird reichen.«

Da das Ehepaar seinem indischen Freund glaubt, reicht Herr Kaiser seine rechte Hand, um das Angebot zu beschließen und ergänzt: »Ich werde Ihnen morgen das Geld bringen, damit Sie die Reparatur veranlassen können.«

»Lassen Sie sich Zeit mit dem Geld. Das können Sie mir auch am Montag im Büro geben. Ich werde zur Baufirma fahren und veranlassen, daß sofort jemand hier vorbeikommt. Frau Kaiser, sind Sie dann in der Wohnung?«

»Aber bestimmt werde ich hier sein und auf den Handwerker warten!«

Kathrin Kaiser hakt ihren Mann unter und schmiegt sich etwas an ihn, bevor sie sich bei Herrn Kumar für seine Hilfe bedankt.

Am Montag wartet Kathrin auf den Handwerker. Doch niemand kommt. Am Dienstag wartet sie genauso vergebens. Von Klaus weiß sie aber, daß er das Geld gleich am Montag abgegeben hat. Klaus Kaiser kann sich das nur so erklären, daß das Bauunternehmen andere Aufträge haben wird und eben nicht sofort kommen konnte. Am Donnerstag fragt er bei seinem Kollegen nach: »Es hat sich bei uns noch niemand gemeldet. Und meine Frau traut sich nicht, die Wohnung zu verlassen, falls jemand kommt.«

Der Inder lehnt sich in seinen Schreibtischstuhl zurück, zieht beide Seiten seiner Weste zusammen und faltet seine Hände über dem Bauch. Gelassen sagt er: »Machen Sie sich doch bitte keine Sorgen. Ich rufe gleich an. Das wird erledigt.«

Herr Kaiser ist anwesend, als Herr Kumar telefoniert. Er spricht Bengali, das kann der Deutsche erkennen, aber er versteht nichts. Später berichtet der Inder: »Die Firma ist überlastet, sie melden sich nächste Woche und werden vorher anrufen. Ihre Frau kann also in Ruhe einkaufen gehen.«

Am darauffolgenden Mittwoch kommt ein Ingenieur, der auch Englisch spricht. Zwei Stunden später noch ein Kollege, ein einfacher Handwerker. Sie betrachten den Schaden und den Aufwand, und der Ingenieur versichert, daß am Samstag alles fertig sein wird.

Nach den letzten Tätigkeiten am Geländer bietet Frau Kaiser den Männern Coca-Cola an. Sie ist den beiden sehr dankbar, daß sie ihre Arbeiten wirklich fertiggestellt haben. Zwischen dem Ingenieur und Frau Kaiser entwickelt sich ein Gespräch über Schadstellen an

Gebäuden wegen des schlechten Materials und des Wettereinflusses. Sie unterhalten sich auch über zuverlässige und unzuverlässige Arbeitskräfte und über steigende Preise. So erfährt Kathrin ganz zufällig, daß Herr Kumar an das Unternehmen nicht 400, sondern 250 Dollar gezahlt hatte. Obwohl sie sich darüber sehr ärgert, reagiert sie nicht darauf. Schließlich kann sie nicht einschätzen, wie die Verbindung zwischen dem Ingenieur und Herrn Kumar ist. Welche Rolle dabei der Chef des Ingenieurs einnimmt, ist sowieso nicht nachvollziehbar.

Fragen

1. Wie schätzen Sie die Tatsache ein, daß Herr Kumar 150 Dollar behalten hat?
2. Wie würden Sie darauf reagieren, wenn Sie das erfahren?

Antworten

1. Herr Kumar sieht in seiner Handlung wahrscheinlich kein korruptes Verhalten. Er kennt das Prinzip: eine Hand wäscht die andere. Der Inder hat seine sofortige Unterstützung angeboten und auch alles versucht, um den Kaisers umgehend zu helfen. Für diesen Vermittlungsdienst nimmt er sich Geld, dessen Höhe er insofern bestimmen kann, je nachdem, wie es ihm gelingt, den Auftrag mit dem Unternehmen preisgünstig abzuschließen.
2. Dem Ingenieur gegenüber hat es auf jeden Fall keinen Sinn zu reagieren. Dem Chef der Baufirma gegenüber auch nicht. Herrn Kumar gegenüber ist es möglich, aber nicht mit Klagen und Beschimpfungen. Vielmehr sollte man ihm zu verstehen geben, daß man weiß, wieviel Geld er dabei einbehalten hat. Es gibt keine Chance, das Geld wiederzubekommen. Es wäre zukünftig besser, entweder mit einem Unternehmen (auch im Beisein eines Inders) selbst zu verhandeln oder eben von einem erhöhten Preis auszugehen. Wer das weiß, ist auch nicht so überrascht und enttäuscht.

»Hätte ich es doch nie gehört!«

Neu Delhi

Der kontinentale Gigant Indien hat eine riesige Hauptstadt, die dennoch, mit anderen Städten verglichen, relativ klein ist. In Delhi leben 8,42 Mio Einwohner/innen. Tagsüber noch mehr, bevor viele abends wieder durch die Nadelöhre der Brücken über den Yamuna-Fluß in die umliegenden Dörfer zurückkehren oder einfach am Stadtrand auf der Straße hausen. So ein Moloch zieht immer Menschen an, die von einem besseren Leben träumen. Viele von ihnen gehen unter, bleiben auf der Strecke. Wer kehrt schon gern arm nach Hause zurück und gibt das Unvermögen zu, vom Kuchen der Großstadt nichts abbekommen zu können.

In Neu Delhi baute eine Konservenfabrik in den letzten Jahren eine Kläranlage, die allerdings von Anfang an viel zu klein und noch dazu, wie sich bald herausstellte, falsch konstruiert war.

Jedesmal, wenn die Wasserqualität der Konservenfabrik überprüft werden soll, bekommt der Umweltbeamte, ein Mitte der 60er Jahre in Großbritannien ausgebildeter Ingenieur, Geld von einem Mitarbeiter des Unternehmens und besorgt die »richtigen« Laborbefunde. Da der Betrieb jedoch mit einem deutschen Unternehmen ein Joint-venture plant, fühlt er sich gezwungen, das Abwasser tatsächlich reinigen zu lassen. Dies würde freilich für den Umweltbeamten und den Laborleiter bedeuten, weniger Geld zu bekommen. Also plant der Beamte, den Reinheitsgrad des Wassers selbst zu bestimmen, im Labor »untersuchen und bescheinigen« zu lassen und so außerdem die Notwendigkeit von häufigen Wasserqualitätsprüfungen zu begründen.

Nach rund einem Jahr Indienaufenthalt übernimmt Dieter Dahl die Verantwortung für den deutschen Teil des Joint-ventures und reist mit seiner Familie nach Delhi.

Am ersten Tag begrüßt der Umweltbeamte Dieter in dessen Büro. Kurz nachdem er den Neuen willkommen geheißen hat, setzt er sich in den aus Walnußholz geschnitzten und mit Perlmutt-Intarsien geschmückten Sessel, der ganz deutlich für Ehrengäste gedacht ist. Die Beine übereinandergeschlagen, zündet er sich eine Beedi an. Herr Dahl kann als Nichtraucher an dem mit Nelken getränkten

Zigarilloduft nichts finden und lehnt das Angebot mitzurauchen ab. Glücklicherweise zieht die Klimaanlage den süßlichen Qualm ab.

Herr Dahl bittet im Sekretariat um ein Getränk. Der Beamte meint: »Ich habe heute morgen schon viel Tee getrunken. Lassi, das kühle, mit Salz und Minze gewürzte Joghurtgetränk, das ich Ihnen empfehlen kann, ist sehr erfrischend.«

Eine ältere Frau im tiefblauen Sari und hellerer Choli-Bluse, bringt auf einem Tablett zwei Gläser des Milchgetränks und für den Fall, daß der Deutsche es nicht mögen sollte, eine kleine Kanne Tee.

Nach einiger Zeit führt der Beamte Dieter durch die Anlage des Klärwerkes und präsentiert sich dabei als zweifellos kompetenter Fachmann in Fragen Wasserhygiene.

Als sie den Leiter des Labors aufsuchen, merkt Dieter Dahl jedoch schnell, daß sich die beiden Inder, was die Wasserqualität oder die Zusammenarbeit betrifft, nicht einig sind und irgendwie miteinander konkurrieren. Dieter kann den Grund nicht erkennen und denkt sich: ›Es liegt was in der Luft.‹

Zwei Wochen später lädt der Laborleiter die deutsche Familie in sein Haus ein. Nach der Begrüßung geht der Gastgeber in die Hocke und fragt die dreijährige Dorothee: »Was möchtest du trinken?«

Das Mädchen umgreift das Bein ihres Vaters und sagt etwas schüchtern: »Lassi, bitte, oder Coca-Cola.«

»So, du kennst schon Lassi. Das ist sehr gesund. Möchtest du Lassi mit Camun, Koriander oder mit Minze gewürzt oder süß?«

»Weiß ich nicht. Hum, mit Minze.«

Dann wendet sie sich den beiden indischen Jungen zu, um mit ihnen zu spielen.

Während die Erwachsenen auf das Essen warten, dessen Duft sich längst im Haus verteilt, erfährt Dieter nebenbei, aber ziemlich unverblümt, daß er dem Beamten und seinen Befunden nicht trauen darf, da er nicht zuverlässig arbeitet.

Der Laborborleiter kaut noch buntkandierte Anis- und Kardamomkörner, die in Indien zur Verdauung und gegen Mundgeruch nach dem Essen gereicht werden, als er seine Gäste mit den Worten verabschiedet: »Auf dem College of Civil Engineering lernen die zukünftigen Bauingenieure gleich am ersten Tag folgende Abkürzung: CIVIL bedeutet **C** (corruption) **I** (is) **V** (very) **I** (important) in **L** (life)! Das lernen in Indien auch jene Ingenieure, die in London studiert haben. Das sollten Sie wissen.«

Alle lachen, obwohl Herrn Dahl überhaupt nicht zum Lachen zumute ist. Seiner Frau sagt er später: »Hätte ich es doch nie gehört!«

Fragen

1. Wenn Sie an den ersten Besuch des Umweltbeamten bei Dieter Dahl denken, wie finden Sie das Verhalten des Inders?
2. Wie würden Sie mit der Information umgehen, die Sie über den Wasserbauingenieur erhalten haben?
3. Wie würden Sie dem Laborleiter das nächste Mal begegnen?

Antworten

1. Der Inder zeigt sich als der Ältere (das bedeutet der Erfahrenere und in diesem Fall auch als ein Machthaber in der Behörde, von dem das Unternehmen abhängig ist) und betont dadurch im Zusammensein mit Herrn Dahl seine Position. Er ist dominant und kommt nicht auf die Idee, daß es unhöflich sein könnte, im Büro eines anderen zu rauchen. Es wäre allerdings auch nicht höflich, schon gar nicht am ersten Tag, den Beamten direkt zu bitten, nicht oder draußen zu rauchen. Herr Dahl könnte jedoch ein Nichtraucher-Hinweisschild an seiner Tür anbringen.
2. Von mindestens einem Körnchen Wahrheit sollten Sie ausgehen und beide Inder beobachten. Vielleicht wird es notwendig, stichprobenartige Qualitätsprüfungen von einer unbeteiligten Person durchführen zu lassen. Aber was geschieht, wenn Sie den Verdacht auf Wasserverschmutzung bestätigt bekommen? Der Beamte sitzt auf einer Staatsstelle, auf ihn werden Sie keinen Einfluß ausüben können. Eher würde der Laborleiter der Kläranlage der Konservenfabrik entlassen werden.
3. Auch wenn sich der Laborleiter womöglich als ein nützlicher Informant erwiesen hat, ist Vorsicht geboten: Sie können nicht einschätzen, in welcher Weise die beiden Inder voneinander abhängig sind. Hüten Sie sich, sich mit einem der beiden zu verbrüdern.

5. STOLZ UND WÜRDE

»I am the chief engineer!«

Bangalore

Seit Mai 1996 ist Susan Biesing in Bangalore. Im Womens Club der ausländischen Kolonie unterhält man sich über sie und sagt: »She is very British!«

Eine von den neu angekommenen Frauen bestätigt: »Dann paßt sie sicher gut nach Indien.« – »Aber Bangalore ist nicht unbedingt British Indian.«

Die Rotblonde ist eine stolze Vertreterin ihrer Heimat, und sie zögerte keinen Augenblick, ihrem Mann, Helmut, in das ehemalige Reich der britischen Kolonialmacht nachzureisen. Schließlich hatten ihre Großeltern vor vielen Jahren eine Zeitlang in Indien gelebt. Mit Fotos, auf denen der Großvater in Kakhiuniform und Tropenhelm zu sehen ist, manchmal auch in seinem luxuriösen, tiefliegenden, schweren Holzsessel mit Flechtwerk ausruhend, ist sie aufgewachsen. Auch die Erinnerungen an die Erzählungen ihrer Großmutter, die 1925 den von ihr heimlich verehrten Mahatma Gandhi begrüßen durfte, formten Susans Vorstellungen über ein Leben in Indien. Für Susan war Gandhiji, wie das genügsame, kluge Vorbild vieler Menschen in und außerhalb des Subkontinents liebevoll genannt wurde, der Inbegriff von Frieden und Gerechtigkeit.

Selbstverständlich ist das moderne Indien heute ganz anders als damals, davon ist zumindest Helmut Biesing überzeugt, der seine Frau vor sechs Jahren in England kennengelernt hat, als er dort für sein deutsches Unternehmen tätig war. Er handelt mit Chemikalien.

Herr Biesing ist ein bärtiger Individualist. Wer in Bangalore über ihn spricht, sagt gern in herzlichem Ton: »Ah, Sie meinen den Kauz.« Andere empfinden ihn als »komisch, er ist ein wenig eigenbrötlerisch und stur, aber andererseits ist er sehr freundlich und auf gute Manieren bedacht. Das fällt besonders an ihm auf.« Sein gutes

Benehmen fand Susan besonders anziehend: zuvorkommende Höflichkeit, in jeglicher Situation.

Susan erklärt gern: »Wenn gutes Benehmen, also achtsames und aufmerksames Verhalten sich selbst und anderen gegenüber ›very British‹ ist, dann bin ich gern ›very British‹. Aber bitte keine Übertreibungen.«

Manchmal wird Susan, die Fremde, von indischen Mitarbeitern des Unternehmens eingeladen mitzukommen, wenn diese mit dem Auto in die Umgebung fahren, um etwas zu erledigen. Das ist immer eine gute Gelegenheit, einen Einblick in das indische Landleben zu bekommen oder auch nur Landschaften, Bauwerke und andere Sehenswürdigkeiten zu entdecken. Susan fährt dann gern mit, als suche sie dabei stets nach den Erinnerungsbildern ihrer Großeltern.

Eines Tages fährt sie mit Anupam, dem Chefingenieur, einige Kilometer außerhalb Bangalores. Während der Fahrt wird der Inder nicht müde, über sich zu berichten: »I am the chief engineer and I know everything here, because I started the business.« Susan antwortet etwas verwundert, und innerlich lächelnd, mit: »Hm?« Das scheint Anupam nicht zu genügen, jedenfalls betont er wiederholt: »I started the business!« Susan versteht: »Ich bin der Wichtigste, der Größte!«

Die Ausländerin ist froh, daß sie im Auto hinten sitzt und manchmal einfach so tun kann, als hätte sie nichts gehört. Sie rutscht auf ihrem Sitz weiter nach unten, als wolle sie sich verstecken. Der Fahrer reagiert nicht, er fährt und fährt und fährt. Anupam, der links neben dem Fahrer sitzt, versucht Susan im Spiegel ausfindig zu machen. Sie fragt sich im stillen: ›Warum hat er es nötig, so über sich zu sprechen?‹ Es ist ihr peinlich, besonders vor dem Fahrer, und die Reisefreude ist ihr verdorben. Am liebsten würde sie aussteigen und per Anhalter oder Taxi allein zurückfahren. Sie denkt an Helmut und bleibt.

Anupam läßt unterwegs anhalten, um einen weiteren Kollegen mitzunehmen. Susan ist froh darüber, hofft sie doch, daß Anupam mit der Prahlerei aufhört. Doch dieser dreht sich wieder nach hinten und protzt weiter: »Nobody could have done this, except me. I am the chief engineer.«

Als er den Fahrer drängt, durch eine gesperrte Straße zu fahren, weil dadurch der Weg zum Ziel abgekürzt werden kann, wird das

Auto von der Polizei gestoppt. Bevor der Beamte etwas sagen kann, befiehlt Anupam: »Let us pass, I am the chief engineer!«

Fragen

1. Warum spricht Anupam so über sich?
2. Was halten Sie davon, daß Frau Biesing im Auto mitfährt?
3. Wie finden Sie Susans Verhalten?

Antworten

1. Der Inder fühlt sich als die wichtigste Person, die, wie er sagt, den Betrieb aufgebaut hat, und sei es auch nur ein Bereich des Ganzen. Darauf ist er stolz, und wenn er auf etwas stolz ist, kann er es zeigen.
2. Sollten die Reisen nicht privater Natur sein, ist es seitens des Unternehmens schon aus rechtlichen Gründen bestimmt nicht erlaubt, daran teilzunehmen. Das wissen indische Mitarbeiter/innen auch, obwohl es schon vorkommen kann, daß Geschäftsreisen ebenfalls privat genutzt werden. Auch wenn Susan Biesing eingeladen ist und wirklich gern mitfahren würde, sollte sie ihr Vergnügen lieber privat organisieren.
3. Mit ihrer kühlen Zurückhaltung muß sie Anupams Verhalten als übertrieben und protzig empfinden. Wäre sie unterwegs ausgestiegen, wäre diese Reaktion wahrscheinlich für den Inder unverständlich gewesen. Es hätte zu größeren Mißverständnissen führen, ja sogar die Zusammenarbeit von Anupam und Helmut Biesing negativ beeinflussen können.

»Was bildet sich dieser Typ ein!«

Bhopal

Bärbel Busse nimmt kein Blatt vor den Mund. Sie sagt allen Menschen um sich herum, was sie von ihnen hält. Eine ihrer Stärken ist ihr Engagement gegen Ungerechtigkeit. Alle kennen sie oder wissen von ihr, weil sie sich immer für Menschen einsetzt oder zwischen ihnen vermittelt und dabei laut und deutlich ihre Meinung sagt. Das findet sie notwendig und gerecht, auch wenn sie damit oft aneckt. Sie gibt offen zu: »Diplomatisches Feingefühl? Das habe ich nicht!«

Seit zwei Jahren arbeitet sie nun schon in Bhopal und leitet als MTA das Labor eines Chemie-Unternehmens. Ihre hervorragende fachliche Kompetenz hat ihr diesen Job verschafft. Sie selbst wollte zwar ins Ausland, aber nie nach Indien. Alles, was sie über den Subkontinent gehört hatte, war ihr nicht sympathisch, hatte sie eher abgestoßen, sich auf die Stelle zu bewerben. Aber die Arbeitsplatzbeschreibung an sich war so interessant, daß sie schließlich einfach »vergaß«, daß sie in Indien würde leben und arbeiten müssen.

Nach ihrem ersten Schnupperbesuch, den die Firma zur Vorbereitung auf drei bis fünf Jahre Aufenthalt in Bhopal angeboten hatte, kam sie kopfschüttelnd wieder zurück. Seitdem ist sie entsetzt und schimpft: »Indien ist schmutzig, niemand kümmert sich um die katastrophale Luft- und Wasserverschmutzung. Umweltschutzmaßnahmen sind zu teuer. Bhopal ist seit 1984 ein Giftgas-Katastrophenort, an dem Tausende von Toten ruhen. Manchmal sieht man Schwerverletzte mit verbrannter Narbenhaut auf der Straße, doch die meisten von der Katastrophe Verunstalteten leben versteckt«.

Durch ihren kurzen Aufenthalt hatte sie zwar einiges gesehen und gehört, aber keine Möglichkeit gehabt, die Informationen zu verarbeiten und in ein Gesamtbild einzuordnen. »Eigentlich habe ich jetzt mehr Bedenken hinzugehen, mehr negative Eindrücke und Bilder und vielleicht auch mehr Vorurteile als früher. Oder ist es einfach nur realistischer, das Bild, das ich von Indien habe? Es betrifft sowieso nur Bhopal.«

Doch die Stellenbeschreibung, die guten Verdienstmöglichkeiten und weil eben schon alles am Laufen war, siegten: Bärbel Busse flog am 1. Juli 1995 nach Bhopal.

Nach zwei Jahren Indien-Aufenthalt erzählt sie während eines Besuchs in Deutschland: »Meine direkten Mitarbeiter und Mitarbeiterinnen sind im Grunde alle sehr nett, nur einem kann ich nicht vertrauen. Die Nachbarn, Erwachsene und Kinder, sind sehr zuvorkommend, damit habe ich großes Glück.«

Manchmal kommen Schülerinnen aus der Nachbarschaft zu ihr, um sich in Chemie beraten zu lassen. Seitdem wissen alle Leute um Bärbel herum, wie es in ihrem Wohnzimmer aussieht, welche Möbel, Stoffe und Farben sie ausgewählt hat und daß sie von Preßglasgeschirr aus Frankreich ißt. Die jungen Frauen sind überrascht, daß die Deutsche, die doch soviel Geld verdient, nicht einmal eine Waschmaschine besitzt, wie andere Ausländer aus Europa und den USA, sondern ihre Wäsche zum Waschen und Bügeln außer Haus gibt.

Guten Freunden vertraut sie gern an: »Inzwischen habe ich sogar einen indischen Freund. Sudakar stammt aus dem Norden, hat in England studiert und in einem internationalen Großunternehmen einen sehr interessanten Arbeitsplatz gefunden. Wir besuchen uns oft. Seine und meine Nachbarn würden uns lieber verheiratet sehen. Das ist ein bißchen schwierig. Eine Nachbarin meines Freundes grüßt mich nicht mehr, seitdem es sich herumgesprochen hat, daß wir zwar intim befreundet sind, aber nichts unternehmen, um zu heiraten.«

Bärbel Busse möchte Sudakar vom Bahnhof in Bhopal abholen. Auf dem Bahnhofsvorplatz steht eine rund drei Meter lange Bank, auf der ein Bettler an einem Ende Platz genommen hat und scheinbar schläft. Zumindest bewegt er sich nicht, als ein tosender Zug vorbeifährt, und obwohl viele Menschen um ihn herum rufen, schreien, laufen. Der Straßenverkehr, das Autohupen, nichts scheint ihn zu stören. Bärbel ist viel zu früh da. Sie setzt sich auf die Bank unter das tiefgezogene Dach der einen Bahnhofseite, legt beide Arme über die Lehne, damit sich der Körper nicht so aufheizen kann. Die Grenze zwischen dem Schatten, der den Oberkörper bedeckt und knapp bis zu den Schenkeln reicht, und der Sonne, die die Beine bescheint, findet sie ideal. Aufmerksam beobachtet sie die schmutzigen Füße des Bettlers, dessen Zehen sich manchmal bewegen. ›Wie müde muß er sein, sich hier hinzulegen. In dieser Position ist er der Sonne total ausgeliefert.‹

Die Lungi des Liegenden hängt in Fetzen und kann ihn gerade noch bedecken. Ein gefüllter Beutel, wahrscheinlich alles, was er hat, liegt unter dem Kopf.

Nach einer Weile kommt ein gutgekleideter, indischer Geschäftsmann auf die beiden zu. Sein grüner, kunstvoll geschlungener Turban versteckt die Haare, auch den weißen Bart, der aus dem bräunlichen Gesicht hervorsticht. Sein Anzug aus erlesenem Tuch ist von einem guten Schneider angefertigt worden, die Schuhe blitzen. Mit der Spitze des Schirmes, den er in der rechten Hand hält, tritt der Inder mit einer eindeutig verscheuchenden Bewegung den beiden immer näher. Der Reiche schnalzt mit der Zunge, woraufhin sich der Arme bewegt und erhebt. Bärbel ärgert sich über das autoritäre Gehabe des stolzen Gockels und bleibt sitzen. Sie pustet und flüstert: ›Das wäre ja noch schöner!‹

Mit verschränkten Armen vor der Brust, ist sie froh, den Überheblichen aus der Anonymität durch ihre Sonnenbrille genauer betrachten zu können. Fast möchte sie den Bettler, der gar nicht gebettelt hatte, motivieren, seinen Platz nicht zu räumen, aber er war schon verschwunden.

Dann setzt sich der Stolze, nachdem er mit einem Tuch den Platz abgewischt hatte, nahe Bärbel hin, die wiederum etwas weiter wegrutscht und denkt: ›Zehn Personen hätten hier noch Platz! Was bildet sich dieser Typ nur ein?‹

Sie wird immer wütender, steht auf, um sich etwas abzureagieren. Schließlich geht sie auf den Stolzen zu und fragt verärgert: »Warum mußte der Bettler gehen?«

Fragen

1. Versetzen Sie sich in Bärbel Busses Situation: Würden Sie anders reagieren? Wie?
2. Wie geht die Geschichte weiter?
3. Welche Alternativen hätte Bärbel gehabt?

Antworten

1. Überlegen Sie bitte, wie Sie im Normalfall mit Situationen umgehen, in denen Sie ähnlich verärgert sind wie Bärbel Busse.
2. Im Regelfall wird der Inder überhaupt nicht reagieren, und Frau Busse bleibt mit ihrer zornig gestellten Frage »im freien Raum« stehen, bis der Zug kommt. Selbstverständlich hat der Geschäftsmann die Kritik in Bärbels Frage bemerkt, sieht aber offensichtlich keinen Grund, sein Verhalten zu rechtfertigen oder zu erklären.
3. Es wäre besser, entweder gar nichts zu sagen oder den Inder in ein Gespräch zu verwickeln bzw. die Frage indirekt zu stellen, wie z. B.: »Bei dieser Hitze muß man ja müde werden. Meinen Sie nicht auch?« Dann würde Frau Busse möglicherweise eine Antwort bekommen, die ihr jedoch vielleicht auch nicht gefallen würde.

»Ich mach jetzt auch Schluß!«

Kalkutta

Indien ist ein Traumland für die einen und ein Alptraumland für andere.

Karin Kleefeld träumte schon immer von Indien. Ihr Wunsch ging in Erfüllung, als sie vor drei Jahren von einer deutschen Stiftung eine Position in Indien angeboten bekam. Zu Hause wußten nahezu alle von Karins Traum, einmal für längere Zeit im Märchenland zu sein. Vor rund zehn Jahren wurde sie schon einmal gefragt, ob sie nach Kalkutta gehen möchte. Sie sollte die Bereiche Kulturarbeit und Frauenforschung übernehmen. Diese Aufgabenbeschreibung wäre ihr sehr willkommen gewesen. Aber die Kinder brauchten sie noch, und sie sagte traurig ab. Auf den Vater der Töchter war sie ab diesem Zeitpunkt noch wütender, denn er hatte längst jegliche Erziehungsverpflichtung Karin übertragen, weswegen sie als alleinerziehende Mutter nicht einfach machen konnte, was sie wollte. Aber

1994 sagte sie sofort ja, schließlich waren die Kinder alle versorgt und fanden die Aussicht spannend, ihre Mutter in Indien besuchen zu können. Mit dem Vorsatz, daß jedes der drei Mädchen einmal nach Indien reisen würde, hatten sie sich verabschiedet, und die Mutter reiste leichten Herzens.

Frau Kleefeld ist in den letzten drei Jahre mehr gereist, als in den zwanzig Jahren zuvor. Sie hat es sehr genossen, ohne Mutterpflichten und ohne Sorgen zu sein. Oft dachte sie:

›Sollen die sich doch zusammenraufen, der Vater und die Töchter. Jetzt werden die Kinder ihn fordern, und besonders die Älteste wird nicht aufgeben, ihr Recht zu bekommen.‹

In den Jahren in Indien entwickelte sie Kräfte, von denen sie nichts (mehr) geahnt hatte. Sie war an der indischen Lebensweise interessiert, an der Kunst und Kultur des Landes, aktiv und beruflich erfolgreich. Die Menschen um sie herum fanden sie interessant, attraktiv und begehrten die inzwischen fast Fünfzigjährige. Sie selbst hatte den Eindruck, ihr Leben hier mit neuem Schwung und einer gewissen Leichtigkeit begonnen zu haben, trotz der vielen Strapazen in Indien. Und nun soll schon wieder alles zu Ende sein?

An ihrem letzten Tag in Kalkutta, das Flugzeug geht erst am Abend, läßt sich Frau Kleefeld durch verschiedene Stadtteile fahren. Dafür hat sie sich den ihr gutbekannten Fahrer Kumar und seine Rikscha bestellt. Vidya, seine Frau, hat in den letzten drei Jahren Karins Wohnung gehütet, die sich im Haus des Instituts befindet. Alle, die die Inderin kennen, sagen: »Vidya ist eine Perle, eine sonnige und pflichtbewußte Persönlichkeit, die ein leichteres Leben verdient hätte und auch einen anderen Mann«.

Aber Kumar wurde für sie ausgesucht, und nun hat sie ihr Leben dem seinen anzupassen. Zumindest hatte sie dadurch das Glück, Karin kennenzulernen, weil der Rikschafahrer oft vor dem Institutstor stand und Karin ihn eines Tages nach einer Haushaltshilfe fragte.

Manchmal sagte die Inderin zur Deutschen: »Im nächsten Leben werden mir die Götter mehr Glück bescheren. Ich tue alles dafür.« Und Karin antwortete gewöhnlich: »Ich wünsche es dir, er wird es so einrichten.«

Vidyas Hauptproblem ist ihre Kinderlosigkeit, und damit riskiert sie ihre Ehe, ihren Ruf und auch fast die Berechtigung, als Frau zu leben. Doch ob ihre Kinderlosigkeit an ihr oder an Kumar liegt, weiß niemand.

Karin Kleefeld nimmt nachdenklich Abschied von Kalkutta: von den Menschen, die sie kennt, vom indischen Flair, vom Kolonialstil einiger Straßen, die schon immer Fundgruben ihrer Träume waren. Hier hatte sie zu erkennen gelernt, warum Indien ihr Traumland war: wegen der vielen Geschichten, die die Großmutter aus ihrem ›Indischen Märchenbuch‹ vorgelesen hatte. Karin hatte das völlig vergessen, und sie erinnerte sich erst, als sie indische Frauen und Männer traf, orientalische Düfte und Speisen, die Farben der Stoffe und die Lichtverhältnisse entdeckt hatte. Von allem mußte sie nun Abschied nehmen. Auch von Vidya und Kumar. Sie schlenderte am Ufer des Hooghly-Flusses entlang, und weil die Hitze unerträglich wurde, verschwand sie in ihrem Lieblingspark, dem Maidan. Hier ist sie bekannt, und sie kennt auch manche, die hier ihre Mittagspause verbringen, auch einige der Bettelnden.

Es dauert nicht lange, als Vikram, der schon viele Jahre auf einem Holzwägelchen hockt, auf Karin zurollt. Sie kennt den Jugendlichen flüchtig und weiß, daß er keine Beine mehr hat. Vikram bittet um Almosen und erzählt nach einer Weile mit ausdrucksvoller Leidensstimme seine Geschichte: »Vor einigen Jahren hat mir der Schnellzug die Beine abgetrennt. Seitdem kann ich nicht mehr in die Schule gehen und auch nicht die Dosen und Flaschen einsammeln, um sie zu verkaufen.«

Karin möchte wissen: »Wie ist das denn passiert, mit dem Zug?«

»Ach, er war mal wieder sehr voll, besonders die Abteile der Männer, die alle von ihrer Arbeit nach Hause fahren wollten. Die Älteren saßen auf den Bänken, die Jüngeren standen auf den Fluren und ich ganz nahe der Tür, schon außen. Ich konnte mich an der Tür nicht mehr halten und fiel raus, mit beiden Beinen auf die Schienen. Jetzt kann ich für meinen Unterhalt schlecht aufkommen, doch meine Familie ist darauf angewiesen. Ich bin der älteste Sohn, und eigentlich hätte ich für meine Eltern und Geschwister aufkommen müssen.«

Karin ist hin und her gerissen. Sie resümiert, während sie den Jungen betrachtet und einzuschätzen versucht: ›Ist die Geschichte wahr, ist es grausam für den Jungen. Lügt er mich an, ist es trotzdem grausam, ohne Beine durchs Leben zu kommen, vor Gefahren nicht wegrennen und den Alltag nur unter großen Anstrengungen organisieren zu können.‹

Hätte sie doch früher schon mal mit ihm gesprochen! Sie hatte ihn oft beobachtet, ist aber eigentlich immer schnell weggegangen, wenn er in ihre Nähe kam. Früher hätte sie versuchen können, ihm eine Existenz zu ermöglichen, zumindest mit ihm darüber zu reden. Sie weiß, daß sie nur noch die nötigsten Rupien bei sich hat, und sagt zu ihm: »Es tut mir leid, aber ich habe kein indisches Geld bei mir, ich habe alles zurückgetauscht, weil ich heute abend abreisen werde. Ich verlasse Indien.«

Es gab für sie keinen Grund mehr, Geld zu wechseln. Schließlich bietet sie dem Jugendlichen den kümmerlichen Rest des Kleingeldes an und ihr ganzes Obst, das sie als Essen für den Tag gedacht hatte. Dann sagt sie: »Es ist Schluß mit meinem Aufenthalt in Indien, mein Vertrag ist zu Ende.« Der erstaunte Inder blitzt mit den Augen von unten nach oben und antwortet: »Ist o. k. Du hast recht. Ich mach jetzt auch Schluß!« Er rollt von dannen.

Abends trifft sich Vikram mit seinen Bettlerkollegen in einer Ecke des Parks. Üblicherweise erzählen alle von ihren Erlebnissen, die sie während des Tages hatten, und von den Erfolgen. Was erzählt Vikram?

1. »Ich traf eine Europäerin, aber die war geizig. Ihr Obst, das sie mir bot, und das Kleingeld lehnte ich ab!«
2. »Ich traf eine Europäerin, aber die hatte kein Geld mehr!«

Fragen

1. Ist die Situation Ihrer Meinung nach realistisch?
2. Wie bewerten Sie Karin Kleefelds Verhalten Vikram gegenüber?
3. Was würden Sie in der gleichen Situation tun?

Antworten

1. Was Vikram wirklich erzählt, weiß niemand. Aber es ist durchaus möglich, daß er die zweite Version berichtet hat. Die Bettelei ist eine berufliche Tätigkeit; diejenigen, die betteln, sehen

darin einen Berufsstand. Wer einer bettelnden Person nichts geben möchte, sollte dies eindeutig und die Person akzeptierend, also auf keinen Fall verachtend tun. Es ist u. U. empfehlenswert, die bettelnden Personen, die immer vor der eigenen Haustür oder an der Straßenecke sitzen und einem deswegen bekannt sind, für Aufgaben (z. B. Zeitung oder Zigaretten holen, Rikscha rufen) anzusprechen und sie dann zu bezahlen.

2. Wenn man weiß, daß man kein Geld geben kann (oder nicht geben möchte), ist es nicht sinnvoll, nach der Lebenssituation der bettelnden Person zu fragen und im Fall von Vikram nach den Gründen des Unfalls. Über so ein Schicksal zu sprechen heißt, sich anzuvertrauen. Das erzeugt Hoffnungen auf eine Gegengabe. Wenn diese dann nicht erfüllt werden, wird es als unfair empfunden, die Geschichte erfragt zu haben.
3. Denken Sie auf jeden Fall daran, daß Bettelnde auch geachtet werden möchten, daß sie das, was sie tun, als Beruf verstehen.

»Textilingenieur, Geschäftsmann, Freiheitskämpfer«

Pondicherry

Prakash ist Inder, Tamile, auch ein wenig französisch, aber vor allem einer der 518000 Einwohner/innen Pondicherrys. Darauf ist er stolz. Seine Heimatstadt ist immer noch anders als die anderen Städte des mächtigen Subkontinents. Zur Zeit der Teilung Indiens, am 15. August 1947, war er gerade erst zwölf Jahre alt.

Der Textilingenieur lebt mit seiner Familie im Osten der Stadt, in einer alten Kolonialvilla, die die ockerfarbene Tünche nur noch ahnen läßt. Das Haus steht an einer der geraden Straßen, durch die die Winde der Bengalenbay wehen und so für die frische Brise in der Stadt sorgen. Pondicherry hat ein angenehmes Klima, das wußten schon die französischen Kolonialherren, als sie 1673 den Küstenstreifen erwarben. Franzosen haben eine ausgeprägte Begabung, ihre kulturellen Einflüsse in den Lebensformen anderer Völker zu hinterlassen, und so prägten sie auch Pondicherrys Reize.

Prakashs Vater setzte sich sehr für die Unabhängigkeit Indiens ein, und als es 1947 endlich soweit war, starb er im darauffolgenden Winter. Sein Glück vom befreiten Indien konnte er nur vier Monate genießen und feiern. Der Autonomieprozeß Indiens war für Prakash prägender als das Jahr 1954, als Pondicherry aufhörte, französisch zu sein und per Sonderstatut Indien übergeben wurde.

Der Inder handelt mit Textilien. Europäische Firmen nehmen ihm das meiste ab. Frau Pflug ist eine seiner Geschäftspartnerinnen, und wenn sie in Pondicherry ist, bevorzugt sie das Park Guest House. Dort wohnt sie immer gut und kann Prakash im Konferenzraum auch außerhalb seines Büros treffen, wenn sie sich dort gestört fühlt.

Jedesmal wenn Patricia Pflug kommt, inzwischen ist es der achtzehnte Besuch, reicht er ihr fast feierlich eine Visitenkarte, immer die gleiche, auf der mit protziger goldbedeckter, breiter Prägeschrift gedruckt steht: »Textilingenieur, Geschäftsmann, Freiheitskämpfer«.

Seine Karten sind außerdem goldumrandet. Die Deutsche findet dieses Ritual lächerlich und die Karten scheußlich, aber sie kann sich im Grunde nur über den, wie sie findet, geltungsbedürftigen Kollegen amüsieren. Wenn er sie doch nicht auch noch fragen würde: »Wie gefällt Ihnen die Visitenkarte?« Und wenn sie nicht sagen müßte: »Sie ist etwas Besonderes!«

Die Karten sind aber wirklich etwas Besonderes. Weil sich Frau Pflug und Prakash schon lange kennen, die Kompetenzen der jeweils anderen Person längst schätzen gelernt haben und nach Patricias Ansicht die beiden inzwischen schon recht vertraut miteinander geworden sind, antwortet sie dieses Mal couragiert: »... ziemlich übertrieben!«

Fragen

1. Welche Bedeutung hat der Text der Visitenkarte für Prakash?
2. Wie wird Prakash auf Patricia Pflug reagiert haben?
3. Wie würden Sie damit umgehen?

Antworten

1. Die Identifikation erwachsener Kinder mit ihren Eltern ist in Indien selbstverständlicher als in Deutschland. Besonders bei positiv herausragenden Errungenschaften oder Würdigungen, die die Eltern erreicht haben, übernehmen die Kinder die »Lorbeeren« gern. Freiheitskämpfer ist Prakash ganz selbstverständlich, denn er ist Teil der Person seines Vaters und Teil der Geschichte. Dieses Prinzip gilt allerdings nicht nur im positiven.
2. Wenn die beiden wirklich eine vertraut-kollegiale Partnerschaft miteinander pflegen, hat er möglicherweise Frau Pflug aufgefordert, ihre Meinung zu erklären und zu begründen. Sicher war er betroffen und enttäuscht. Schlimmstenfalls könnte er mit einem Abbruch der Geschäftsbeziehung reagieren, denn durch ihre Antwort hat sie ihm eindeutig gezeigt, daß sie die Karten (und ihn) kritisiert. Was sie für übertrieben hält, bedeutet ihm schließlich etwas. Deshalb wird er ihren Satz vielleicht auch nur im Zusammenspiel von Mimik und Stimme als Kritik einschätzen können.
3. Die Entscheidung bleibt nach den o.g. Antworten Ihnen überlassen. Sie sollten sich aber fragen, wie wichtig Ihnen Ihr Gegenüber ist und was Sie riskieren, sollte dieser verstimmt reagieren.

»Ist der Preis o.k.?«

Pune

Vor dreizehn Jahren hatte Prashant, der Sohn einer angesehenen Stoffhändlerfamilie, das touristische Geschäftsviertel Colaba in Mumbai verlassen. Aus Liebe zu seiner Frau ist er damals, innerhalb Maharashtras, nach Pune umgezogen und hat einen neuen Stoffladen eröffnet. Immer, wenn ihn jemand von seiner Familie besucht, kann er stolz sein eigenes Geschäft zeigen. Sein Laden ist farblich viel attraktiver gestaltet und leuchtet wie ein Regenbogen, denn er bietet seine Waren anders als andere Stoffläden an. Während die Stoffballen üblicherweise nach der Stoffart sortiert werden, hat er sich auf Anraten seiner Frau dafür entschieden, seine Stoffe nach Farben zu ordnen. Schließlich mußte er sich als neuer Händler im Stoffbasar etwas einfallen lassen, um Kunden anzulocken. Der gute Ruf seiner Familie aus Mumbai half ihm zwar, hätte aber den Erfolg nicht garantieren können. Doch die Idee seiner Frau hat ihm Glück gebracht.

Prashant liebt es sehr, hinter seinem Tresen zu stehen und den Kundinnen, Männer kommen seltener, seine Stoffe zu zeigen. Die sagen dann z. B.: »Ich suche einen Möbelstoff, blau würde gut in das Zimmer passen.«

Während andere Händler dann zum Regal der Möbelstoffe gehen, verschwindet er in die blaue Ecke und sucht natürlich auch nach einem strapazierfähigen Stoff. Der Mann aus der Großstadt bietet jedem Gast, der sich ernsthaft für seine Artikel interessiert, etwas zu trinken an und begründet es so: »Das ist doch selbstverständlich. Was für eine Frage. Wie sollten sich die Kunden wohlfühlen, ohne einen kleinen Genuß? Ohne ein gutes Gefühl, keine guten Geschäfte. Das ist doch bekannt.«

Manche flüchten in seinen Laden, weil es draußen zu heiß ist oder es gerade in Strömen regnet. Die Leute schauen gern bei ihm vorbei, oft auch nur, um seine neuen Stoffe zu bewundern, denn manchmal hat er andere Angebote als seine Kollegen. Seine Familie in Mumbai verfügt schließlich über diverse Importquellen.

In Pune leben viele Frauen und Männer aus Europa und den USA, die dort beruflich tätig sind, hierher geheiratet oder sich für ein Leben im Aschram entschieden haben. Patrick Push, ein 30jähriger Projektmanager eines US-Unternehmens, lebt seit zwei Jahren mit seiner Frau in Maharashtra. Paula nutzt gerne ihre Marathi-Kenntnisse, um ein wenig mit den Händlern und Händlerinnen in den Basaren zu plaudern.

Eines Tages ruft sie aus dem Schlafzimmer ihrem Mann, der noch im Bad ist, zu: »Morgen ist Samstag, laß uns abends in die Stoffgasse gehen und einen neuen Vorhang für das Schlafzimmer kaufen. Die Sonne hat den alten ganz schön ausgeblichen und spröde gemacht. Er dichtet kaum noch ab.«

Patrick Push, der wie die meisten Ausländer/innen in seiner Position sechs Tage in der Woche arbeiten muß, hat zu Basarbesuchen keine Lust. Besonders nicht an diesem Samstag, denn es ist so heiß und schwül, daß er sich am liebsten nur in gekühlten Räumen aufhalten würde. Aber er geht trotzdem mit zu den indischen Händlern. Das Auto lassen sie zu Hause stehen. Es gehört zum Projekt und erinnert an die Arbeit. Wo hätten sie es in der Stadtmitte auch parken sollen? Ein Rikschafahrer, der meist in der Nähe ihres Wohnhauses steht, freut sich, das Ehepaar Push mal wieder fahren zu dürfen. Sie fahren ins Zentrum, vorbei an Villen, die in hübschen, aber etwas vertrockneten Grundstücken stehen.

Das Ehepaar Push steigt in der Nähe des Basars aus und flaniert zunächst die Stoffhändler-Reihe entlang, um einen ersten Überblick über das Angebot zu bekommen. Einige Händler rufen die Fremden rein, andere beobachten die beiden aus der Tiefe ihres Ladens. Schließlich betreten sie einen der vielen Läden, den vierten auf der rechten Seite, von dem eine Nachbarin berichtet hatte: »Der hat immer die modernsten Muster und die beste Qualität!« Paula grüßt den Besitzer und geht zielsicher auf einige Ballen zu. Sie betrachtet die Stoffe und prüft sie mit der Hand, weil sie dadurch die Struktur und Festigkeit erkennen kann. Aber keines der Muster gefällt ihr auf den ersten Blick. Manche sind zu bunt, andere zu schwer und wieder andere zu lichtdurchlässig. Schließlich soll der Vorhang ja abdunkeln. Als sich das Ehepaar noch umsieht, bringt der Inder Tee in kleinen Tassen. Die Push' bedanken sich, lassen den Händler mit seinem Tee stehen und verlassen schnell den Laden.

Dann kommen sie zu Prashant und werfen von der Schwelle aus einen Blick in sein Geschäft, das wie eine Höhle aussieht. Der Inder kommt aus der dunklen Tiefe seines Geschäftes zunächst nur einen Schritt auf sie zu und macht ein weiteres Licht an, eine nackte Glühbirne, die den Regenbogen seiner Kollektion erst richtig zum Strahlen bringt. Paula fragt den Händler: »Haben Sie Vorhangstoffe? Wir suchen etwas für das Schlafzimmer?« Der Händler antwortet: »Ich bringe Ihnen, was Sie wünschen! Wie sieht es in Ihrem Schlafzimmer aus?«

Patrick ist erstaunt über diese Frage, aber Paula geht darauf ein:

»Das Bett und der Kleiderschrank sind aus geschnitztem Nußbaumholz angefertigt, und ein Stuhl und ein Hocker sind aus Rohr geflochten.«

»Fein, aber ich meine die Farben, die Sie im Zimmer haben.« Das klingt fast wie eine Rechtfertigung des Inders, und er verstärkt sein Anliegen: »Der Vorhang soll doch dazu passen!«

Patrick geht einen kleinen Schritt zurück, lehnt sich an und sagt entspannt: »Ach so, ja!«

Paula, die den Händler betrachtet, sagt: »Wir haben diese Holzfarben und eine grüne Überdecke für das Bett.«

Prashant entgegnet: »Ein guter Händler kennt alle seine Stoffe, ich werde etwas für Sie finden.«

Er bietet den beiden im hinteren Teil des Ladens einen Stuhl an. Dann bringt er drei Ballen grünen Stoffs, die er auf den Tisch vor seine Gäste legt.

»Lassen Sie sich Zeit. Betrachten Sie die Qualität, die Muster und die Farben genau. Fassen Sie die Stoffe an und sehen Sie nach, ob etwas für Sie dabei ist.« Der Inder verschwindet in den Nebenraum, um Tee zu holen. Paula flüstert Patrick zu: »Solche Stoffe habe ich mir nicht vorgestellt, diese eingewebten Barockblumen, scheußlich!«

Sie warten einige Minuten, bis der Händler frischen, sehr süßen und mit Kardamom gewürzten Tee bringt und fragt: »Entspricht einer der Stoffe Ihren Vorstellungen?«

Paula antwortet schnell, um das Unangenehme hinter sich zu bringen: »Nein, wir hatten eher an einen schweren, glatten Baumwollstoff gedacht, entweder einfarbig oder mit einem nicht dominierenden, farblich integriertem Muster.« Prashant ist schon wieder in der grünen Ecke und fragt in den Raum hinein: »Yes, Madam! Ist das Grün in Ihrem Schlafzimmer eher olivenfarben oder lind, hat es einen blauen Ton?«

»Lind und etwas Blau ist im Muster.«

Der Inder bringt zwei weitere Ballen, beides sind Baumwollstoffe. Paula testet mit ihrer rechten Hand die Struktur des einen Stoffes und bemerkt: »Dieser Stoff würde vom Muster und den Farben gut zu den Möbeln passen, aber er ist viel zu dünn.«

Der Stoffhändler ergänzt: »Außerdem kann es sein, daß die Farben verblassen. Bei der indischen Sonne muß man aufpassen, sonst kommen Sie in zwei Jahren wieder!«

Alle drei lachen herzlich, als ob die Sonne in Indien sich besonders an den Vorhängen vergehen würde.

Der letzte vor ihnen liegende Ballen besteht aus einer britischen Dekorationsware, einem Muster aus roten Blumen und grünen Blättern auf beigem Grund. Patrick berät seine Frau: »Beige und Grün würden ausgezeichnet passen, das Rot nehmen wir in Kauf, oder? Hauptsache, der Stoff dunkelt ab, ohne trist zu wirken.«

Die beiden möchten zwanzig Meter kaufen.

Als Prashant den Preis von 2600 Rupien nennt und die Push' nichts einzuwenden haben, fragt der Händler: »Ist der Preis o. k.?«

Patrick antwortet: »Ja, ist o. k.!«

Der Händler schaut beide an, als wolle er die Minuten verlängern. Dann legt er die Schere wieder hin und zeigt, für die Kunden sehr überraschend, kein Interesse mehr, ein Geschäft abzuschließen. Zögernd sagt er: »Dieser Stoff ist wohl doch nicht das Beste für Sie. Ich kann Ihnen auch nichts anderes bieten. Auf Wiedersehen!«

Fragen

1. Will der Händler nichts mehr verkaufen?
2. Wie haben sich die Kunden verhalten, und was hätten sie bedenken sollen?
3. Was bedeutet Handeln beim Einkauf?

Antworten

1. Selbstverständlich will Prashant ein Geschäft machen, aber er hat offensichtlich vom Ablauf einer Transaktion bestimmte Vorstellungen. Und vielleicht ist er auf das Geld auch nicht so sehr angewiesen.
2. Paula und Patrick Push haben den Händler und seinen Sachverstand eindeutig in Anspruch genommen. Der Vorgang bis zum Abschneiden des Stoffes ist in einem für beide Seiten gelungenem Geschäftsverhältnis verlaufen. Doch die Kunden wollten zum Schluß nicht handeln. Der Preis von 2600 Rupien war ein Angebot, die Push' hätten ein Gegenangebot machen sollen, vielleicht 1800 oder 2000 ir (indische Rupien), dann hätten sich beide Parteien in der Mitte treffen können.
3. Handeln bedeutet, sich mit der Qualität der Ware vertraut zu

machen und somit dem Händler für seine gute Ware Anerkennung zu zeigen. Handeln ist ein Weg zur Freundschaft und wird dazu benutzt, den bestmöglichen Preis für beide Seiten auszuloten. Dabei muß der Verkäufer das Gefühl bekommen, den höchstmöglichen Preis zu erzielen, und der Käufer muß davon ausgehen können, daß es der niedrigste war, den der Verkäufer akzeptieren kann. Zugegeben, die Kunst des Handelns ist für Ausländer/innen schwierig. Viele fühlen sich jedoch übers Ohr gehauen, wenn sie die hohen Preise zahlen, weil sie nicht handeln. Allerdings ist es auch nicht überall möglich zu handeln, sondern nur dort, wo die Preise nicht angegeben sind (Stoffe) oder wo es keine abgepackten Waren gibt (Gemüse, Obst, Gewürze) oder dort, wo der Besitzer selbst verkauft (Elektrowaren). Aber nicht in Supermärkten, Kaufhäusern, Bäckereien. Im Grunde bestehen drei verschiedene Preiskategorien: Indische Käufer/innen, die für sich selber einkaufen, können am besten handeln und zahlen am wenigsten. Indische Käufer/innen, die für Ausländer/innen einkaufen, gönnen dem Verkäufer einen gewissen Gewinn und garantieren so eine gute Beziehung. Ausländische Käufer/innen, die für sich selbst einkaufen, werden es selten schaffen oder vielleicht nur nach Jahren, wirklich niedrige Preise auszuhandeln. In Indien wird selbstverständlich davon ausgegangen, daß Fremde, die nach Indien gereist sind und sich dort, egal aus welchen Gründen und mit welchem Status aufhalten, per se reich sind. Wie hätten sie sonst die teure Reise antreten, sich eine noble Wohnung oder ein Haus, ein prächtiges Auto mit Fahrer, diverse Angestellte usw. leisten können?

»Der Preis ist bezahlt!«

Pune

Ein internationales Speditionsunternehmen, das hauptsächlich in Nordindien tätig ist, möchte auch in verschiedenen anderen Orten des Landes Fuß fassen. Der Franzose Pierre Popoulier lebte schon lange in Deutschland, bevor er kürzlich für seine Firma nach Indien kam. Er wurde unter vier Bewerbern ausgesucht. In Indien ist er der Deutsche, weil er aus Deutschland kam.

Herr Popoulier ist seit zwei Tagen in Pune, um Geschäftskontakte aufzunehmen. Mitte Juli ist es sehr heiß und drückend, und Pierre macht das Wetter mächtig zu schaffen, sogar schon um 9 Uhr morgens. Er schwitzt sehr und hat ständig das Bedürfnis zu trinken. Da er sich nicht in der Lage fühlt, mit einem Auto selbst durch die Stadt zu fahren, es sind eher die wetterbedingten körperlichen Beschwerden, als daß er es sich nicht zutrauen würde, ruft er nach einer Rikscha. Der Hüne betrachtet seine stattliche Figur und schätzt ein: ›Viel zu schwer für einen der schmächtigen Fahrer!‹

Deshalb möchte er von einer Motor-Rikscha ans Ziel gebracht werden. Es soll inzwischen sowieso mehr motorgetriebene Rikschas geben. Aber eine Fahrrad-Rikscha hält an und lädt ihn zum Einsteigen ein: »Hello, Mister!«

Pierre zögert, findet es jedoch verlockend, aus der brütenden Sonne herauszukommen und sich unter dem gespannten Dach des Gefährts zu verstecken. Der leichte Luftzug, der durch den Fahrtwind zustandekommen wird, wird ihm guttun, hofft der Franzose und wischt sich den Schweiß von der Stirn.

Er geht auf den Fahrer zu und sagt von weitem: »Namaste! How much?« Dann reicht er ihm die rechte Hand. Der Inder antwortet nur mit einem Kopfnicken. Während er auf seinem Sattel Platz nimmt, erwidert er: »Namaskar! Steigen Sie ein.«

Als Pierre in der Rikscha sitzt und geschickt durch die Straßen kutschiert wird, denkt er: ›Im Grunde sind es arme Leute, die mit dieser Schufterei ihren Lebensunterhalt verdienen. Und sie müßten mehr Geld bekommen als Motor-Rikschafahrer, für die es nicht so anstrengend ist.‹ Doch er weiß, daß er mit den wenigen Rupien, die er dafür ausgeben wird, zum Einkommen einer ganzen Familie beiträgt.

Im Laufe seines Aufenthaltes in Indien wurde ihm seine Rolle als reicher Weißer aus Deutschland immer klarer. Er kann sich an einem Tag leisten, was sich die meisten Inder nie leisten können: ein gutes Hotel, schmackhaftes Essen, Alkohol oder ein Taxi. Er kann wählen, und darin besteht sein Reichtum.

Der Rikschafahrer hält am linken Straßenrand und ermahnt: »Steigen Sie links aus! Hier ist Linksverkehr!« Der Inder beobachtet Pierre und fragt ihn: »Wo arbeiten Sie?«

»Hauptsächlich in Delhi.«

»Oh, dort soll der Verkehr schrecklich sein, wird erzählt, es soll laut und stickig sein und stinken.«

Pierre antwortet: »Ja, mit Rikschas fahr ich dort auch nicht, es stinkt zu sehr.«

Zögernd kramt er nach einem weiteren Geldschein für den Fahrer. Der aber schnalzt mit der Zunge, reißt den Kopf dabei nach oben und antwortet: »Der Preis ist bezahlt, ich muß weiterarbeiten!« Dann zerrt er sein Gefährt nach rechts und läßt den erstaunten Ausländer zurück.

Fragen

1. Was fällt Ihnen bei der Begrüßung der beiden Männer auf?
2. Wie denken Sie über die Tatsache, daß Pierre Popoulier mit der Fahrrad-Rikscha und nicht mit einer Motor-Rikscha fährt?
3. Warum war Pierre am Ende so erstaunt?

Antworten

1. Sie können *Namaste* oder *Namaskar* für »Guten Morgen«, »Guten Tag« oder »Guten Abend« sagen. Während jedoch Hindus dabei gern ihre Handflächen zusammenlegen und mit den Daumen gegen die Brust drücken und gleichzeitig den Kopf beugen, legen muslimische Völker eher die rechte Hand auf ihre Brust und blicken dem anderen nicht direkt ins Gesicht. Europäer/innen dagegen reichen schnell die Hand zum Gruß und suchen Blickkontakt mit der anderen Person. So kann es passieren, daß die Hand einfach nicht angenommen wird, wie hier geschehen.

2. Das ist eine Frage der Ethik, der politischen Einstellung und der Situation. Jeder Fahrrad-Rikschafahrer würde selbstverständlich, wenn er könnte, mit einer motorgetriebenen Rikscha sein Geld verdienen. Also hat er wahrscheinlich noch weniger Kapital zur Verfügung als seine Kollegen. Wenn es, wie in Indien, die Auswahl gibt und eine Fahrrad-Rikscha genommen wird, dann sollte angemessen und ohne Feilschen bezahlt werden, sonst wäre es besser, eine Motor-Rikscha oder ein Taxi zu nehmen.
3. Wahrscheinlich hatte Herr Popoulier während der Fahrt den Eindruck, seinen Rikschafahrer zu sehr strapaziert zu haben. Als ihn der Fahrer nach der Bezahlung noch einmal anspricht und Pierre deswegen nicht weggehen kann, interpretiert er: der Fahrer möchte mehr Geld. Um ihn loszuwerden, zückt er einen Geldschein, der ihm aber nicht abgenommen wird, weil längst alles bezahlt ist. Andererseits könnte es durchaus passieren, daß ein Fahrer auch dieses Geld annimmt. Grundsätzlich ist es ratsam, vor der Fahrt den Fahrpreis auszumachen. Sie können sich in Ihrem Hotel oder bei Kollegen nach dem angemessenen Preis erkundigen. Im Taxi werden per Taxameter Festpreise genannt plus einige Prozent Aufschlag, wenn der Festpreis erhöht wurde und das Taxameter (noch) nicht nachgestellt werden konnte.

6. EINLADUNG UND GAST SEIN

»Sind die denn noch hungrig?«

Agra

Vor vielen Jahren versprach Herr Abt seinem Sohn: »Wenn du dein Abitur abgeschlossen hast, reisen wir dorthin, wo ich deine Mutter kennengelernt habe.« Das war in Agra.

Der Zwanzigjährige kann sich an seine Mutter noch gut erinnern, obwohl sie in London starb, als er gerade eingeschult wurde. Aziza, die Mutter, war Inderin und kam aus einer muslimischen Familie. Alfred Abt erzählt seinem Sohn: »Die Familie deiner Mutter habe ich nur einmal gesehen. Sie haben es mir verübelt, ihre Tochter nach Europa gelockt zu haben. Doch deine Mutter wollte Agra verlassen. Sie wollte aus dem goldenen Käfig ihrer wohlhabenden Familie entfliehen und bemerkte erst später den Preis, den sie dafür zahlen mußte: die Verbannung durch ihren Vater. Obwohl ich damals schon als Diplomat akkreditiert war, konnte es dein Großvater nicht akzeptieren.« Alf wußte also schon lange, daß diese Reise nicht nur ein Geschenk zum Abitur, sondern auch Trost für seinen Vater sein würde.

Die Zugfahrt von Delhi nach Agra dauert rund zwei Stunden. So nutzt Alfred Abt die Chance, seinem Sohn das über Agra zu berichten, was er weiß: »Das Schönste an Agra ist die hinduistisch-islamische Mischung, als ob diese Kulturen immer friedlich vereint gewesen wären. Es gibt dort zwei weltberühmte Bauwerke: das Mausoleum und das Fort. Nirgendwo sonst habe ich so ein prachtvolles Grabmal gesehen, wie das, welches Schah Jahan im 17. Jahrhundert für seine geliebte Frau, Mumtaz Mahal, erbauen ließ. Tadsch Mahal ist eine Kurzfassung von Mumtaz Mahal. Du wirst nicht nur eine ganz besonders ausgewogene islamische Architektur sehen, sondern ebenso begeistert sein von den Verzierungen und Ornamenten aus Edelsteinen. Deine Mutter traf ich im Garten vom Tadsch Mahal«.

Herr Abt wird etwas nachdenklich, als er mit seiner Erzählung die Erinnerung an seine Frau heraufbeschwört. Nach einer Weile fährt er fort: »Dann werden wir auch die Festung besichtigen, die fast hundert Jahre älter ist als das Tadsch Mahal.«

Alf ist sich nicht sicher, ob er das alles über Agra erfahren möchte, aber er läßt seinen Vater reden: »Das Fort ist riesig. Imposant ist die für indische Verteidigungsanlagen typische Doppelmauer, die mit rotem Sandstein verkleidet und an den Ecken harmonisch abgerundet ist, und das Haupteingangstor. Im Zentrum des Forts steht ein ockergelber Palast, der mit kontrastreichen, zierlich geschwungenen Edelsteingirlanden und Pflanzenverzierungen geschmückt ist.«

Die beiden Männer beobachten die Mitreisenden, die auch in ihrem Abteil Platz genommen haben. Die Vorstellung, es könnte jemand deutsch verstehen und das Gespräch belauscht haben, ist Herrn Abt plötzlich peinlich. Die ganze Zeit hatte er nicht darüber nachgedacht, jetzt ist er für eine Weile verstummt. Schließlich fragt er seinen Sohn flüsternd: »Möchtest du ihre Familie kennenlernen?«

»Ich weiß nicht.«

Eine Stunde später fährt der Zug ein, und Alf sagt: »Doch, ich möchte sie sehen!«

»Salaam ... Here is Alfred Abt! Do you remember?«

Alfred preßt den Hörer fest ans Ohr, um die Außengeräusche weitgehend abzuschotten. Die überraschte Frau am anderen Ende der Leitung ist kaum zur Antwort fähig. Also fragt er weiter: »Wie geht es Ihnen? Ist mit Ihrer Familie alles in Ordnung?« Insgeheim denkt er: ›Was heißt schon in Ordnung, wenn die Tochter nicht mehr da ist.‹ Der Familie gegenüber hat er sich immer ein wenig schuldig gefühlt. Während er seufzt, lehnt er sich an die Kabinenwand und denkt: ›Wenn wir uns nicht hier getroffen hätten, wäre Aziza vielleicht nie nach England gekommen und hätte den schrecklichen Unfall nicht erlebt.‹ Dann kündigt er der Telefonmuschel an: »Ich bin mit unserem Sohn nach Indien gekommen, wir sind hier.« Die strenge und doch erleichterte Stimme der Frau fragt umgehend: »Wann können wir uns sehen? Kommen Sie morgen abend zum Essen, nach Einbruch der Dunkelheit!«

Hinterher überlegen Vater und Sohn, wie spät »nach Einbruch der Dunkelheit« ist. Sie entscheiden, um acht Uhr zu erscheinen, obwohl dann die Nacht schon längst tiefschwarz ist.

Alfred und Alf werden von einem Angestellten an der Tür empfangen. Bevor sie in die Halle gebeten werden, streifen sie ihre Schuhe ab, die sie vor der Türschwelle deponieren. Als Azizas Mutter den Raum betritt, begrüßen sie die etwas gebeugte und zierliche Frau abwartend und förmlich, und Alfred wundert sich über die Ähnlichkeit, die Aziza mit ihrer Mutter hatte. Das war ihm nicht mehr in Erinnerung. Die Gäste überreichen ihre Geschenke: der Vater bietet Konfekt und der Sohn Blumen, die er schnell noch aus der durchsichtigen Folie nimmt. Der sonst eher beherrschten Mutter laufen die Tränen über die Wangen, als sie ihren Enkel umarmt und Alfred dann auch.

Auf die Gäste wartet ein köstliches Mahl. Gegen zehn Uhr werden alle, die im Hause leben, Azizas Eltern, zwei ihrer Brüder mit ihren Frauen und Kindern, in den Speisesaal geführt. Der Enkel soll links neben seiner Großmutter sitzen und Alfred rechts neben seinem Schwiegervater, dem Mann, dem er nie näherkam. Die Familie hat nie darauf bestanden, daß Frauen und Männer in getrennten Räumen essen, aber am großen Tisch ist es üblich, daß die Männer rechts neben Azizas Vater sitzen, die Frauen links neben der Mutter. Alf, der besondere Gast, sitzt auf dem Stuhl seiner Mutter, neben der Großmutter.

Die Speisen, die schon auf dem Tisch stehen, verbreiten einen köstlichen Duft. Doch das grelle Licht verhindert eine gemütliche Atmosphäre. Alfs Magen knurrt, er hat großen Hunger, denn die deutschen Gäste mußten geschlagene zwei Stunden warten, bis sie jetzt endlich etwas zu essen bekommen. Der Junge nimmt sich zunächst etwas Gemüse, schlingt dann Unmengen von Kofta Curry und bunten Reis in sich hinein. Dem Vater gefällt das gar nicht, aber er sitzt zu weit weg, um den Sohn, außer mit strengen Blicken, die jedoch nicht wahrgenommen werden, zu ermahnen. Als dann die zuckersüße, mit Kardamom und Pistazien gewürzte Milchreisspeise an die Reihe kommt, ist er eigentlich längst satt, nimmt sich aber doch noch eine größere Portion.

Nach einer Weile beobachtet er erstaunt, daß seine Großeltern nach der Süßspeise noch einmal weißen Reis mit Joghurt essen. Alf überlegt: ›Was soll das denn? Sind die denn noch hungrig?‹

Der Junge nutzt die Chance, als sich die anderen Reis mit Joghurt nehmen, um an den Milchreis heranzukommen. Er guckt sich etwas verstohlen um, nimmt den gesamten Rest auf seinen Teller und nutzt gleich den Servierlöffel zum Essen. Als er merkt, daß der Großvater ihn beobachtet, ist es ihm peinlich. Der alte Mann wirkt streng, und so hat Alf das Gefühl, etwas falsch gemacht zu haben.

Fragen

1. Auf was hätte Alf besser achten sollen, was hat er falsch gemacht?
2. Sollten Sie jemals in ein Privathaus eingeladen werden, was würden Sie als Geschenk mitbringen?

Antworten

1. Erstens hätte er die Blumen eingepackt lassen sollen. Cellophan gehört zum modernen Leben, alles, was modern ist, soll gezeigt werden, außerdem werden die Schnittblumen dadurch geschützt. Zweitens hätte Alf trotz seines großen Hungers nicht so zu schlingen brauchen. In Indien ist es üblich, erst beieinander zu sitzen und sich zu unterhalten, spät zu essen und viele Speisen zu servieren. Nach dem Essen geht man nach Hause. Außerdem hätte Alf seine Großmutter fragen sollen, ob er die Süßspeise aufessen darf. Sie hätte es ihm sicher erlaubt. Normalerweise wird Essen immer wieder ausgeteilt und angeboten. Obwohl es zum guten Ton gehört, die Teller nicht vollends zu leeren, hätte sie ihm gegenüber bestimmt gern eine Ausnahme gemacht. Der letzte Punkt, daß er den Servierlöffel selbst benutzt hat, ist in diesem Fall nur verzeihlich, weil danach niemand mehr etwas vom Milchreis haben konnte. Wenn jemand das Vorlegebesteck in den Mund nimmt, wird es umgehend ausgetauscht.
2. Je nachdem, wie gut man die Gastgeberin oder den Gastgeber kennt und ob die Bekanntschaft eher privaten oder geschäftlichen Charakter hat, ist es möglich, an Damen Konfekt, Toilettenartikel, Blumen (in Cellophan eingepackt) und an Herren Alkohol (Vorsicht: Muslims), Büroartikel und z. B. Rauchwaren zu verschenken.

»Wir haben uns Sorgen gemacht!«

Ahmadabad

Awinash kam 1970 nach Deutschland und ist inzwischen Textilingenieur. Er ist der älteste Sohn und wurde von seiner Familie ausgewählt, in Europa zu studieren. Die Familie konnte sich Ende der 60er Jahre lange zwischen England und Deutschland nicht entscheiden. Für Großbritannien sprach die Tatsache, daß der Sohn die englische Sprache gelernt hatte, für Deutschland aber entschied sich die Familie, weil ein Bruder des Vaters seit fast dreißig Jahren dort lebte. Niemand hatte ihn je besucht, keiner hatte eine Ahnung, wie er im fernen Europa leben würde. Aber als er im Winter 1969 mal wieder nach Ahmadabad kam, entschied die Familie, daß er sich um seinen Neffen kümmern müßte.

Alle zwei Jahre fliegt Awinash nach Hause. Das Studium hat er seit Jahren abgeschlossen, und die Rückkehr des Sohnes nach Ahmadabad wird noch immer erwartet. Inzwischen ist er jedoch mit Anita verheiratet, die zum ersten Mal in Indien ist. Sie hat viele Eindrücke zu verarbeiten und weiß manchmal nicht zu unterscheiden, ob ein bestimmtes Verhalten typisch indisch ist, der Familienkultur ihres Mannes zugeschrieben werden muß oder ob es seine persönliche Eigenart ist. Gelegentlich setzt sich Awinash über alle kulturellen Einflüsse hinweg, verzichtet auf Konventionen, und dann wieder ist er »typisch indisch«, zumindest nach Anitas Vorstellung. Oft fragt sie: »Was ist typisch indisch?«

Seine Antwort lautet dann häufig: »Ich weiß es nicht so genau, du mußt beobachten.«

Deshalb flog Anita nach Indien, auf den Subkontinent der geheimnisvollen Mystik und schillernden Farben. So stellte sie sich Indien vor: laut und üppig; wippende Röcke mit bunter Stickerei und aufgenähten Spiegelchen, Räucherstäbchen mit Sandelholzduft oder Moschus, farbenprächtige Saris aus Seide oder Brokat, Ravi-Shankar-Musik und Volkstänze, duftende, scharfe Speisen, aber auch Bettler überall.

Eines Tages antwortete Awinash auf die Frage, was denn typisch indisch sein könnte, folgendes: »Wir gehen mit dem Rhythmus der Zeit, die uns von den natürlichen Abläufen gegeben wird, ihr nutzt die Zeit für ein effektives Leben.« Nach einer längeren Pause ergänzte er: »Ich bin dazwischen.«

Wenn Awinash in Indien ist, versucht er so oft es geht, die stinkende Industriestadt zu verlassen, um, wie er sagt, »in die Zeit zu kommen«. Dann reist er mit seinen Geschwistern, Neffen und Nichten und diesmal mit Anita durch Nordindien, durch Gujarat bis nach Rajasthan.

Während es den Menschen in der Stadt relativ gutgeht: sie leben von der Baumwollverarbeitung und vom Handel, ist es auf dem Land schon anders. Baumwollfelder mit unzähligen weißen Flocken auf dem braunen Gestrüpp konkurrieren höchstens mit Getreide, das sich je nach Saison in saftigem Grün oder leuchtendem Gelbgold präsentiert. Weiter westlich, in der Bani-Wüste, herrscht der Hunger, viele Nomadenfamilien waren schon gezwungen, ihre alten und zum Teil wertvollen Familien-Kunstgegenstände zu verkaufen, um überleben zu können. So kamen auch immer mehr Röcke mit Spiegelchen nach Europa.

Drei Tage nach ihrer Ankunft wurde die Hochzeitsfeier ausgerichtet. Awinash hatte Anita im Flugzeug darauf vorbereitet, daß es eine Feier geben könnte, doch Anita konnte sich nichts darunter vorstellen, auf jeden Fall nicht, mit wieviel Aufwand das Fest ausgerichtet sein würde. Sie konnte sich nicht vorstellen, daß allein Awinashs Familie, wenn alle zusammenkommen, fast sechzig Personen umfaßt. Und dann versammeln sich noch Freunde und Nachbarn, die auch alle versorgt werden wollen. Die meisten Frauen, Anita war häufiger mit den Frauen zusammen, waren wunderschön bunt gekleidet und mit wertvollen Silbergehängen an Ohren, in den Haaren, um Hals, Arme und Beine geschmückt. Die junge Deutsche bekam auch ein prächtig besticktes Kleid geschenkt, wurde von anderen Frauen gepudert und frisiert, geschminkt und parfümiert und schließlich mit Schmuck behängt. Anita war Teil eines Märchens, und trotzdem gehörte sie nicht recht dazu. Awinash tauchte in der Männergesellschaft unter und war oft einige Stunden nicht zu sehen. Für Anita viel zu lange.

Inzwischen ist fast ein Monat vergangen, aber Awinash und Anita haben noch zwei Wochen vor sich. Im Haus der Schwiegerfamilie fühlt sich die Deutsche nicht recht zugehörig, obwohl alle sehr nett sind und sich um die Fremde bemühen. Oft klammert sich Anita an ihren Mann und fällt damit auch auf, denn meistens gehen Frauen und Männer getrennten Beschäftigungen nach. Anita hat längst herausgefunden, daß die Brüder gern im kleinen Garten vor dem Haus rauchen, wenn der Vater nicht zu Hause ist. Die Mutter zeigt nicht, daß sie es weiß. Wäre Awinash allein zu Besuch, würde er den ganzen Tag mit den Männern verbringen, so muß er sich jedoch auch um Anita kümmern.

Die Familie spricht Gujarathi, Englisch können nur die Jüngeren und von den Frauen nur eine von Awinashs Schwestern. Mit den Männern zu sprechen ist schwierig, weil es auch nicht üblich ist. Nur, wenn mal alle zusammensitzen, wird sie über ihren Mann auch gefragt, was sie studiert. Direkt von den Männern des Hauses wird sie nicht angesprochen, dies geschieht nur bei Ausflügen, wenn die Eltern nicht dabei sind.

Anita merkt, daß ihre Schwiegermutter oft versucht, mit ihrem Sohn allein zu sprechen. Awinash übersetzt wenig und sagt: »Mach dir keine Sorgen, es ist nichts Wichtiges. Sie fängt immer von früher an.« Soll er übersetzen, daß sie ihn fast täglich bittet, zurückzukehren? »Notfalls auch mit deiner Frau!«

Die Neugierde der ersten Besuchstage ist dahin. Alles ist ausgetauscht und wiederholt sich. Awinash ist es müde, zu Hause Gast zu sein. Er ist es leid, zwischen seiner Familie und seiner Frau zu stehen, immer übersetzen zu müssen, auch das, was nie gesagt wurde. Anita merkt, daß ihre Unbefangenheit verflogen ist, daß die Regeln der Familie sie einschränken, die Regeln, wie sie essen soll, daß sie enge Hosen lieber nicht tragen sollte, daß sie ihren Schwiegereltern respektvoll zu begegnen hat, daß sie ihren Mann vor seiner Familie nicht kritisieren darf usw. Niemals ist sie allein und selten allein mit Awinash. Nach Hause schreibt sie z. B.: »Man kann sich hier nie zurückziehen und einen Spaziergang unternehmen, das gibt es hier auch nicht. Es wäre auch viel zu heiß, um draußen rumzulaufen.«

Anita fühlt sich sehr eingeschränkt und bevormundet. Einerseits ist sie unsicher, aggressiv und oft auch überfordert, andererseits ist ihr langweilig. Awinash merkt sehr deutlich, daß er sich in zwei Welten behaupten muß. Manchmal fragt er Ashwini, seine ihm vertrauteste Schwester: »Wohin gehöre ich? Die eine Welt zieht, die andere zerrt, beiden Seiten kann ich nicht ganz entsprechen. Ist das der Preis, weggegangen zu sein? Soll das der Gewinn sein?«

Immer deutlicher fühlt sich Anita eingeengt und entwickelt den Drang, die Ketten zu sprengen, etwas selbst zu entscheiden und zu tun. Spontan nimmt sie sich eines Nachmittags den Autoschlüssel, der immer am gleichen Nagel hängt, und fährt heimlich durch Ahmadabads Straßen, die sie nicht kennt, über Brücken, von denen sie nicht weiß, wohin sie führen, in Gegenden, die ihr unheimlich sind. Sobald sie das Auto stoppt, kommen Kinder angerannt und drücken ihre Nasen ans Fenster. Anita ist zum Heulen zumute, sie schreit: »Nirgendwo ist man allein!«

Die Kinder hindern sie daran auszusteigen. Sie denkt an ihre indische Familie, während sie das Auto wieder startet: »Wer weiß, wie die reagieren werden.«

Ihr ausgeprägter Orientierungssinn führt sie fast den gleichen Weg sicher zurück. Als sie das Haus betritt, ist ihr Mann nicht da, und Ashwini sagt: »Wir haben uns alle Sorgen gemacht!«

»Warum? Habt ihr kein Vertrauen, daß ich mich zurechtfinden kann?«

Als Awinash nach Hause kommt, er war mit dem Auto des Nachbarn unterwegs, um nach ihr zu suchen, ist er wütend, zieht Anita in ein Zimmer und schimpft: »Du hast mich blamiert, vor meinen Eltern und den Nachbarn.«

Fragen

1. Worin besteht das Problem?
2. Warum fühlt sich Awinash blamiert?

Antworten

1. Anita ist Gast der Familie und auch ein neues Mitglied. Sie ist zwar Ausländerin und Fremde, aber doch die Frau des ältesten Sohnes, der eine wichtige Position einnimmt. Die indische Familie fühlt sich für die Deutsche verantwortlich, daß ihr nichts geschieht und daß sie versorgt wird. Dafür erwartet sie Respekt gegenüber den Regeln der Familie und Akzeptanz der indischen Tradition.
2. Nachdem Anita unerlaubt (ein ortsfremder Gast einer indi-

schen Familie fährt gewöhnlich nicht einfach durch die Stadt) das Haus verlassen hat und Awinash nicht darüber Bescheid weiß, ist seine Verantwortungspflicht verletzt worden. Da die Eltern und Nachbarn das mitbekommen haben, interpretieren sie, daß er seiner Frau gegenüber keine Autorität besitzt und es ihm nicht gelingt, sie auf den richtigen Weg zu bringen.

»Hier ist alles Mist!«

Bangalore

Vor zwei Jahren fing Bernhard Beyer an, von Indien zu sprechen, weil die Firma, für die er arbeitete, im indischen Werk eine neue Entwicklungsabteilung eröffnen wollte. Ständig traten Verzögerungen auf, was für die Familie schrecklich war. Die Kinder, die sich Indien nicht vorstellen konnten, redeten über den Umzug, dann vergaßen sie Indien wieder, bis irgend jemand das Thema wieder aufgriff. Für Beate war die Wartezeit unangenehm, denn sie mußte sich dann rechtzeitig beurlauben lassen. Den Freundinnen in Deutschland sagte sie hin und wieder: »Alles dreht sich seit Monaten um Bernhards Firma! Verdammt noch mal! Die können sich nicht vorstellen, was alles an ihrem Ja oder Nein, Jetzt oder Später hängt.«

Vor einem Jahr ist Herr Beyer schließlich nach Bangalore gezogen. Zur gleichen Zeit hat sich Beate beurlauben lassen. Da sie aber ihre Kinder nicht in der Mitte des Jahres aus der Schule nehmen wollte, sind sie später nachgezogen. Jetzt lebt sie seit einigen Monaten in Bangalore.

Beate Beyer hatte in ihrer Bank einen verantwortungsvollen Posten, den sie trotz ihrer beiden Kinder weiter ausüben konnte. Die Arbeit machte ihr Spaß, und besonders nach der Kinderpause fing sie an, ihren Job zu schätzen. Die finanzielle Unabhängigkeit von Bernhard, das eigene Geld, auch wenn sie es für die Familie ausgab, die Einsicht der Kinder, daß das so richtig ist, und ihre Erkenntnis, daß die Kinder selbständig sind, bedeuteten ihr Freiheit. Manchmal, wenn sie Unterstützung brauchte, waren ihre Eltern in der Nähe.

An den Wochenenden war sie oft mit der Familie schwimmen oder mit einer Freundin Tennis spielen. Frau Beyer hatte zwei sehr gute Freundinnen und mehrere Kolleginnen und Kollegen, mit denen sie sich sehr gut verstand. Mit Bernhard war sie manchmal ins Kino gegangen oder in ein Konzert und mit Freundinnen in die Oper. Beate Beyer war in Deutschland eigentlich immer eine gesellige Person und sehr beliebt.

Das Leben in Bangalore dagegen ist völlig anders. Die ersten Wochen mußten die Kinder besonders betreut und die Wohnung eingerichtet werden. Dann hatte Beate vor, eine Haushaltshilfe zu finden, hatte aber, bevor Mani kam, mit den anderen Pech. Das Haus, in dem sich die Familie Beyer eingerichtet hat, ist von der Schule, in die die Kinder gehen, weit entfernt. Da es auch in der näheren Umgebung keine Nachbarkinder im gleichen Alter gibt, muß Beate ihre Kinder ständig hin- und herfahren.

Die Deutsche kennt derweil jeden Basar und jede Shopping-Mall: hier kann sie sich alles kaufen. Längst kennt sie auch die Nachbarorte mit ihren Tempeln und Museen und die Steppen im Hinterland, sie kennt jeden Club und trifft immer die gleichen Menschen. Sie hat viele Frauen aus Europa und den USA getroffen, jedoch keine Freundin. Ihren Büchervorrat hat sie ausgelesen, und sich neuen Lesestoff zu holen, hat sie keine Lust. Was hier angeboten wird, interessiert sie nicht. Oder einen Film ansehen, der sie wirklich fesselt, wäre wunderbar. Beate vermißt die Jahreszeiten zu Hause und den Regen, über den sie doch so oft gestöhnt hat. Die Sommermonate in Indien sind heiß und oft feucht, die Städte stikkig. Also bleibt sie meistens im kühlen Haus. Beate hat auf nichts mehr Lust, und weil sie das an sich nicht kennt, ist sie sehr verunsichert.

Frau Beyer fühlt sich fehl am Platz. Am liebsten verbringt sie die Zeit zu Hause, in abgedunkelten Räumen. Die strahlende Sonne kann sie nicht mehr genießen und schon lange nicht mehr die Freundlichkeit der Einheimischen. Alles ist ihr zuviel: das ewige Angerempeltwerden, die Hitze, der Monsun und der Gestank. Nur noch die notwendigsten Aufgaben im Haushalt führt sie pflichtbewußt aus. Die Kinder schickt sie jetzt mit Taxen oder Rikschas ans Ziel.

Noch nie hat Beate Beyer ihre Freundinnen so vermißt wie derzeit in Indien. Bernhard wirft sie eines Tages vor: »Ich vermisse es, über meine Ängste und Gefühle zu reden, ohne erklären zu müssen, ohne ein schlechtes Gewissen zu haben oder einfach vertrauten Menschen zuzuhören. Ich vermisse meine Freundinnen, die Fragen stellen, die du nicht stellst und ich nicht darauf komme, darüber zu sprechen. Mein Leben habe ich im letzten Jahr an deines angepaßt, und du bist so weit weg mit deinen Aufgaben und Problemen hier, in Bangalore.« Herr Beyer ist besorgt und geht davon aus, daß Beate mehr unter Menschen kommen müßte, und lädt für den nächsten Samstag zu einer Party ein: indische und deutsche Mitarbeiter seines Unternehmens. Er beauftragt ein Restaurant, für das Essen zu sorgen, und kümmert sich selbst um die Getränke. Beate nimmt sich vor, vor den Gästen nicht unangenehm aufzufallen. Doch sie merkt bald, daß sie mit all den Männern nichts anfangen kann. Als Bhende, Bernhards indischer Vorgesetzter, Beate Beyer in ein Gespräch verwickeln möchte, spürt sie ihren gesamten Groll über Indien aufkommen. Aggressiv bricht es förmlich aus ihr heraus: »Hier ist alles Mist! Ich habe meine Freiheit aufgegeben und sitze jetzt in der Falle. Ich vermisse meine Freundinnen, meine Arbeit in der Bank, die regelmäßigen deutschsprachigen Nachrichten im Rundfunk und das Fernsehprogramm. Es ist auf Dauer anstrengend, nur Englisch zu hören und zu sprechen.« Und dann wird sie erst richtig laut: »Ständig wird man hier betrogen, die Ausländer beim Einkaufen oder von den Hausangestellten, die Inder von ihren Politikern! Die sind doch alle korrupt und in Skandale verwickelt. Und wenn ich die Armen überall beobachte und sehe, wie ungerecht die Frauen behandelt werden! Liegt das an den Religionen oder einfach nur an den unverschämten Männern?« Zum Schluß schreit sie ohne Rücksicht auf irgend jemanden: »Ich kann Indien einfach nicht ertragen!«

Herr Bhende wendet sich abrupt ab.

Fragen

1. Wie schätzen Sie Beate Beyers Situation ein?
2. Warum hat sich Herr Bhende, Bernhard Beyers Chef, abgewandt?

Antworten

1. Frau Beyers Hauptproblem scheint die grundlegende Umstellung ihres gesamten Lebens zu sein. In Deutschland war sie eine geschätzte Karrierefrau und privat eine gute Mutter und selbständige Partnerin und bei anderen eine gute Freundin. Dort hatte sie ihren Platz, konnte ihren Interessen nachgehen und bekam ausreichend Bestätigung. In Indien fällt das weg, hier wird sie auf Kinder und Haushalt eingeschränkt und ist finanziell von ihrem Mann abhängig. So eine Veränderung kann viel Streß erzeugen. Es wäre gut, wenn Frau Beyer entweder einige Wochen nach Hause fliegen oder/und mit Unterstützung ihres Mannes Kontakte mit anderen Ausländerinnen in Bangalore, z. B. mit dem Womens Club, aufnehmen würde. Dadurch könnten gemeinsame Unternehmungen organisiert und vielleicht Freundinnen gefunden werden.
2. Herr Bhende lehnt es offensichtlich ab, sich von einer Ausländerin, die ein höflicher Gast zu sein hat, derart über Indien beschimpfen zu lassen. Darin sieht er ein Vergehen der Gastfreundschaft. Wahrscheinlich ist er außerdem überrascht und will sich der peinlichen Situation dieses »Fettnäpfchens« nicht stellen.

»Das wird mein schönstes Foto sein!«

Hydarabad

Die meisten Ausländer/innen, die die Großstadt Hydarabad besuchen, sind gern hier. Sie schwärmen vom Zentrum und schlendern von dort aus gern über eine der vielen Brücken des Musi-Flusses ins muslimische Viertel. Die Mischung der Kulturen, die sie hier vorfinden, das Char Minar, Moscheen und Paläste und Basare mit islamischem Kunsthandwerk, in die indische Lebensweise raffiniert und stimmig integriert, darin erkennen sie ihr Bild vom Orient wieder.

Hilda Harting und ihr Mann Herbert leben seit viereinhalb Monaten in der Hauptstadt von Andhra Pradesh. Herbert hat in einem der Colleges eine Professur angenommen. Und Hilda will die Chance nutzen, ihrem Interesse an indischer Geschichte und Philosophie nachzugehen. Jetzt sind Semesterferien, und damit fängt für sie die Zeit an, in der die ersten Familienmitglieder und Freunde und Freundinnen zu Besuch kommen können. Das war mit einigen in Deutschland schon so abgesprochen. Hanna, Frau Hartings Schwester, ist der erste Gast.

Für den Samstag des ersten Wochenendes haben sich die Hartings mit ihrem Gast einen Ausflug vorgenommen. Ihr Ziel ist das rund 14 km im Westen liegende Golconda Fort. Während der Ausflugsplanung hatte Herbert seiner Schwägerin gesagt: »Die hohen Mauern werden uns Schatten spenden.«

Es ist ein klarer, kühler Morgen, so gegen 6 Uhr. Hanna atmet tief durch, bevor sie vorn ins Auto einsteigt. Obwohl sie schon seit drei Tagen in Indien ist, macht ihr die Umstellung recht zu schaffen: die ungewohnte Hitze, die ihr Kreislaufstörungen, Atembeschwerden, Schlaflosigkeit und Verdauungsprobleme beschert, raubt ihr langsam die Kraft.

Die Stadt ist längst schon erwacht, als sich die drei Deutschen aufmachen. Die Straßen sind voller Menschen und Fahrzeuge: aufgemotzte Tata-Laster kämpfen gegen Ambassador-Limousinen, und Rikschas behaupten sich gegen Fahrräder. Hanna beobachtet das scheinbare Durcheinander und fragt: »Wie kommt man hier über die Straße?«

Sie schüttelt den Kopf und bewundert den Fahrer.

Als sie am Fort ankommen, sind sie nicht die einzigen. Mehrere Familien suchen Schutz im Schatten des Mauerwerks, obwohl dies eigentlich verboten ist. Ein Junge, der am Eingang steht, ruft in die Weite und freut sich über das zurückschallende Echo. Dann motiviert er die Besucher, es ihm nachzumachen. Hanna versucht es, hat aber Mühe, ihrer Stimme das volle Volumen zu geben. Als es ihr dennoch gelingt, freut sich der Junge und hält seine Hand auf. Herbert ermahnt sofort: »Gib ihm nichts, aber sei freundlich und geh weiter.«

Hanna ist begeistert von der prächtigen muslimischen Festung und nutzt das klare Licht zum Fotografieren. Ab und zu verschwindet sie in eine der arkadenähnlichen Öffnungen, um aus der Dunkelheit ins Licht zu knipsen. Als sie eine am Boden hockende, arbeitende Frau sieht und daneben ein elegant wippendes Mädchen, mit einem übervollen, mit Zweigen und Wurzeln gefüllten Korb, knipst sie auch die beiden und ruft ihrer Schwester zu: »Das wird mein schönstes Foto sein!«

Die Sonne steht schon hoch, und die alten Mauern geben ihre lang gespeicherte Hitze unerbitterlich ab. Hilde sagt: »Man kann sich nur noch im Schatten aufhalten.«

Die rothaarige Hanna lehnt an einer Mauer und wippt mit ihrem langen, dünnen Baumwollrock, um ihre Beine zu kühlen. Die Hartings setzen sich auf einen Steinvorsprung und holen ihre Wasserflaschen raus. Der Gast stöhnt und wischt sich mit einem feuchten Taschentuch den Schweiß von der Stirn. Dann rafft Hanna den Stoff des weiten Rocks und knotet ihn eng zusammen, so daß ihre langen Beine zu sehen sind.

Nach einer Weile, sie waren gerade wieder losgelaufen, trifft sie ein kleiner Stein am Arm. Sie ist körperlich nicht verletzt, aber verärgert und schreit die Gruppe der Kinder an, die sich um die Touristin versammelt hatte. Die Kinder lachen und schreien und scherzen miteinander, und Hanna merkt, daß irgend etwas gegen sie geplant ist. Nach einigen Minuten wird sie von hinten in den linken Arm gezwickt, und ein weiterer Stein trifft eine Wade. Weil sie so wütend ist, greift sie umgehend in die Kindergruppe und schnappt sich einen Jungen, dem sie eine Ohrfeige verpaßt. Die Kinder rennen weg, und die Hartings beobachten aus der Ferne, daß neue Steine aufgehoben werden. Als sie ihrem Gast zu Hilfe kommen, sind die Kinder nicht mehr zu sehen.

Fragen

1. Warum haben die Kinder mit Steinen geworfen?
2. Wenn Sie Gastgeber/in wären, was würden Sie Ihrem Gast raten?

Antworten

1. Einerseits ist es für die im Fortgemäuer hausenden Inder bestimmt nicht angenehm, wenn Ausländer/innen in ihre Nähe kommen und sehen, wie sie leben. Vielleicht war es für die indischen Familien zu früh am Morgen, um sich zurückzuziehen, bevor die Touristen und Touristinnen kommen. Andererseits, und das ist wohl der eigentliche Grund, warum die Kinder Steine warfen und Hanna in den Arm zwickten, haben sich die Kinder über ihre entblößten Beine aufgeregt. Kurze Hosen für Männer und Frauen und Miniröcke werden in Indien nicht gern gesehen.
2. Zum einen sollten Gastgeber darüber aufklären, daß in Indien grundsätzlich die Beine bedeckt zu sein haben, zum anderen sollten sie ihre Gäste darauf hinweisen, daß es respektlos ist, andere, insbesondere arme Menschen, ohne deren Einwilligung zu fotografieren.

»Laß das!«

Madras

»Wenn das keine Kunst ist? Alle Pappfiguren sind bemalt und viel größer als die Maler selbst!« Maduri ist mit ihrem Gast unterwegs in Madras. Die Inderin führt Marilena durch George Town, den ältesten Stadtteil aus der Kolonialzeit. Wenn ihre Freundin nicht den Wunsch geäußert hätte, der Altstadt einen Besuch abzustatten, wäre sie nicht in die muffigen Gassen gekommen. Maduri ist überrascht, selbst hier Filmreklame-Bilder zu sehen. Die waren ihr hier früher nie aufgefallen. Sie sagt: »Man könnte meinen, ganz Madras wäre ein einziger Film. Überall die in Pappmaché festgehaltenen Träume.« Marilena findet die gigantischen Figuren bewundernswert, stellt aber nach einer Weile fest: »Wer kann sie sich schon erfüllen, all die Träume?«

Plötzlich hat Maduri eine Idee: »Was hältst du davon, wenn wir morgen abend zum Dinner ins Frauenkomitee gehen, welches monatlich organisiert wird? Am späteren Nachmittag können wir eine Veranstaltung des Musik-Festivals besuchen und danach zu den Frauen gehen. Ich melde uns an, damit sie sich mit dem Essen einrichten können. Es sind meistens zwei oder drei Frauen, die kochen, und die anderen zahlen dafür. Diese Abende sind immer sehr interessant, weil über Frauenleben und Politik gesprochen wird. Manchmal wird eine Ausländerin mitgebracht oder eine Inderin, die in Madras zu Gast ist.« Ihre Freundin findet die Idee prima, und so meldet Maduri sie zum Dinner an.

Marilena wird von den Inderinnen herzlich empfangen. Ungeniert wird sie laufend gefragt, woher sie kommt, ob sie verheiratet ist und Kinder hat, warum sie in Indien ist und wer sie ins Komitee mitgebracht hat. Ihre gebleichte Kurzhaarfrisur wird genauso bestaunt und sogar bezupft wie die gebräunten Arme und das Gesicht mit den knallroten Lippen. Ihre im gleichen Rot lackierten Finger- und Fußnägel fallen auch sehr auf. Ja, die Deutsche hat sich feingemacht und genießt es, von den Frauen bestaunt zu werden. Selbst Maduri wird gelobt, ihre Freundin den Frauen nicht vorenthalten zu haben.

Bevor das Essen beginnt, soll sich jede Person auf einer Liste eintragen und die Summe notieren, die sie bereit ist, beim Verlassen des Hauses zu zahlen. Marilena trägt 100 Rupien ein, was ungefähr fünf Mark entspricht und für sie nicht viel ist.

Wie bei jedem Treffen wird kurz vor dem Essen ein Motto verkündet, über das dann während des Essens nachgedacht wird. An diesem Abend wird eine Zeile von Shankara (780–820 n.Ch.) vorgelesen: »Die ersten Schritte sind wertlos, wenn der Weg nicht zu

Ende gegangen wird.« Marilena, die neben ihrer Freundin sitzt, flüstert ihr ins Ohr: »Laß uns also mutig weitergehen!«

Alle Speisen sind in kleinen Schüsseln und Tellern auf dem Tisch verteilt, so daß jede Frau von allem etwas nehmen kann. Es gibt rotgefärbte Hähnchenschenkel und Rindfleischstückchen, gelben und weißen Reis, buntes Gemüse und Salate, kandierte und frische Früchte, Joghurtgetränk, Coca-Cola und natürlich Wasser. Marilena nimmt von den verschiedenen Reissorten, aber besonders vom Gemüse, vom Salat und Obst. Mit der linken Hand bricht sie das Brot, mit dem sie dann das Gemüse ißt. Die linke Nachbarin, die das beobachtet, fragt: »Hast du kein Besteck?«

»Doch, vielen Dank.«

Marilena wundert sich über die Frage, weil ihr Besteck zu sehen ist. Sie nimmt sich mehrmals, aber immer nur kleine Portionen. Schließlich möchte sie nicht unangenehm auffallen.

Marilena entdeckt in der Obstschüssel eine leuchtende und saftig aussehende Mango, die sie ebenfalls gern essen möchte. Während sie sich rechts Maduri zuwendet, versucht sie links das Obst zu erreichen. Dafür muß sie erst einmal drei oder vier andere Früchte vom Teller heben, bis sie an die einzige Mango kommt. Plötzlich flüstert die Freundin entschieden: »Laß das!«

Fragen

1. Warum fragt die Nachbarin nach dem Besteck?
2. Warum hat Maduri eingegriffen?

Antworten

1. Mit der linken Hand zu essen, gilt als unschicklich. Die linke Hand wird als die unreine angesehen, mit der man sich nach einem Toilettengang säubert, nur die rechte Hand darf Nahrungsmittel berühren. Für Linkshänder/innen ist es sinnvoll, vor dem Essen den neben ihnen sitzenden Personen zu berichten, daß sie immer mit der linken Hand essen. Die rechte Hand sollten sie dann aber wirklich stillhalten (denn schließlich muß man sich ja mit einer reinigen).

2. Weil die Freundin, nachdem sie sich mit Gemüse und Salat vollgestopft hat, nun auch dabei ist, sich am Obst zu »vergreifen«. Gemüse und Salate gelten als Beilagen; zum Sattessen gibt es Reis. Außerdem hat Marilena wieder ihre linke Hand benutzt und einige Früchte angefaßt, bevor sie an die Mango kam.

»Go out, please!«

Pune

Philip Preuß ist Informatiker. Seit vier Jahren hat er eine Stelle in der Forschungsabteilung eines renommierten Unternehmens in Süddeutschland. Petty, eine enge Freundin aus der gemeinsamen Studienzeit in USA, konnte im gleichen Unternehmen nicht unterkommen. Jetzt lebt sie seit einem halben Jahr in Indien und arbeitet für eine amerikanische Firma in Pune. Philip hätte auch die Möglichkeit gehabt, in Indien zu arbeiten, aber er hat sich für die Forschung entschieden und damit die Beziehung zu Petty riskiert.

Philip besucht Petty zum ersten Mal. Sie hat ihn in Mumbai am Flughafen abgeholt. Nachdem sie zwei Tage dort verbrachten, sind sie gestern nach Pune gereist.

Petty hat Glück, denn sie wohnt in einer kleinen Villa und hat genug Räume, um Gäste unterzubringen. Um nicht ganz allein zu sein, hat sie den Kontakt zur Nachbarfamilie, den Patels, gesucht. Eines Tages bat sie Frau Patel, für sie eine Haushaltshilfe zu suchen, die bei Petty arbeiten möchte. So kam Poonam, eine entfernte Verwandte von Frau Patel, vor vier Wochen ins Haus und lebt seitdem in einem Raum neben der Küche. Die junge Inderin ist für Petty eine wichtige Person, und die beiden Frauen haben eine Art Freundschaft geschlossen, obwohl Poonam natürlich in erster Linie für die Ausländerin arbeitet. Die Nachbarin beobachtet die beiden Frauen mißgünstig. Oft ermahnt sie Poonam zu mehr Respekt der Kanadierin gegenüber, doch die Informatikerin hat damit kein Problem. Nur jetzt, wo ein männlicher Gast ins Haus kommt, ist sie gespannt, wie sich die junge Inderin verhalten wird.

Tatsächlich ist Poonam kaum noch zu sehen. Wenn Petty und ihr Freund im Haus sind, versucht Poonam außerhalb zu sein, sind die beiden weg, erledigt die Inderin die Hausarbeit.

Petty, die sich einige Tage freinehmen konnte, zeigt ihrem Gast den Ort, an dem sie wohnt. Sie kehren in eine Milchbar ein, die für ihren Joghurt berühmt ist. Früher saßen Orange People hier, und noch heute kommen Ausländer/innen gerne hierher, auch wohlhabendere Inder. Jedesmal, wenn Petty in der Nähe ist, hat sie Lust, Joghurt zu essen. Ist es draußen heiß, trinkt sie Lassi, das erfrischende Joghurt-Getränk, etwas gesalzen und mit Minze gewürzt. Auch Philip trinkt Lassi und beobachtet zwei junge Inder, die ihm schon auf der Straße Händchen haltend aufgefallen sind. »Aha«, denkt er lächelnd.

Danach schlendern sie zum nahe gelegenen Basar. Der Deutsche sucht immer wieder die Hand seiner Freundin, die sie ihm ständig wieder entzieht. Ab und zu legt er seinen Arm um ihre Schultern. An einer etwas abseits des Trubels gelegenen Hausecke schließlich hält er sie fest, um sie zu küssen, aber sie kann sich befreien.

Petty versucht die Situation zu verändern und schlägt vor: »Laß uns eine Rikscha nehmen und zum Tempel fahren.« Kaum sitzen die beiden nebeneinander in der Rikscha, wird Philip erneut mutig und küßt seine Freundin. Der Fahrer, der dies im Spiegel beobachtet, räuspert sich laut, fährt zur linken Straßenseite und hält an. Dann fordert er die beiden unmißverständlich auf: »Go out, please!«

Petty ist das peinlich, und sie möchte schnellstens das Gefährt verlassen, aber Philip kann keinen Grund für den Rausschmiß erkennen und fängt laut zu argumentieren an. Petty reicht dem Fahrer Geld, der sofort, aber in Marathi schimpfend, verschwindet.

Fragen

1. Warum hat der Fahrer die beiden rausgeworfen?
2. Was hat Philip Preuß in der Milchbar bemerkt??

Antworten

1. Liebkosen und Küssen von Liebespaaren in der Öffentlichkeit ist in Indien nicht erwünscht, das hätte Petty ihrem Freund sagen sollen.
2. Daß Inder Hände haltend spazierengehen, hat nichts mit Homosexualität zu tun, auch nicht, wenn Inderinnen auf einer Parkbank sitzen und sich umarmen. Männer können sich mit Männern und Frauen mit Frauen in der Öffentlichkeit freundschaftlich-zärtlich zeigen, aber Frauen und Männer untereinander nicht.

7. KULTURELLE EIGENHEITEN

Harmonie zwischen Sein und Kosmos

Aurona, die 30jährige Biologielehrerin, zischt mit ihrer Zunge, die sie an den Gaumen preßt, und ruft ihrer Kollegin zu: »Warum bist du in Eile?« Die etwas aggressiv klingende Antwort von Angelika lautet: »Na, weil wir den Termin haben und Professor Rao auf uns wartet!« Sie erreichen das Institut pünktlich, aber der alte Herr kommt einige Minuten später. Der Professor begrüßt mit zusammengelegten Händen die beiden Frauen, läßt die Jalousien herunter, um die Sonne und den tosenden Großstadtlärm auszusperren, setzt sich hin, legt seine langen Arme nach vorn auf den Tisch und ist still. Niemand spricht, die abgedunkelte Zimmeratmosphäre tut gut: Angelika fühlt sich der ungewohnten Stille nicht ausgeliefert. Sie merkt, daß sie mit dem Sprechen nicht anzufangen hat, und lehnt sich im Stuhl zurück. Schließlich unterbricht der würdige Gelehrte das Schweigen: »Haben Sie jemals einen Fluß gesehen? Wissen Sie, wann ein Fluß seinen Anfang nimmt oder wie sein Ende aussieht? Sehen wir uns die einzelnen Wassertropfen an, die Wochen und Monate brauchen, um vom Fluß ins Meer zu fließen, sich dort mit anderen verbinden, dann verdunsten und als Regen wieder auf die Erde gelangen und von einem Fluß aufgefangen werden. Irgendwo in diesem Kreislauf begegnen wir einem Tropfen, der sehr, sehr lange gebraucht hat, um gerade dort zu sein, wo wir sind. Unser eigenes Leben ist genauso Teil eines Kreislaufs, der bereits sehr alt ist und noch längst kein Ende hat. Warum sind wir immer so gehetzt?«

Über eine Stunde lang führen die Frauen und der Inder ein Gespräch über das Sein der Menschheit und über Fragen der Ökologie. Nachdem sich die Frauen vom alten Professor verabschiedet haben, erklärt Aurona, was Professor Rao mit dem Flußbeispiel sagen wollte: »Mit dem Fluß meinte er das Leben im Samsāra, dem großen Kreislauf der Wiedergeburten, mit Vergänglichem und Neuem als sich ständig bedingende Prozesse. In diesem Kreislauf werden alle Lebewesen geehrt: Menschen, Tiere, Pflanzen, Flüsse und Berge. Weil Samsāra noch Tausende von Jahren dauern wird, werden wir, und davon sind die meisten Inder, zumindest die hinduistischen Gläubigen, überzeugt, immer wieder neu geboren. In jedem Leben haben wir die Chance zu neuem Glück der Vollkommenheit. Wenn wir unser Karma im jetzigen Leben erfüllen, werden wir im nächsten der Erleuchtung eine Stufe näher sein und vielleicht in einem Tier wiedergeboren werden. Es ist nicht sicher, als was wir reinkarniert in den Kreislauf treten, aber wir werden leben.«

Die Lebensanschauung des Samsāra ist der christlich-orientierten diametral entgegengesetzt. In unserer Kultur bewerten wir das Leben als einen individuellen Zeitabschnitt, linear, mit einem Anfang und einem Ende. In dieser Zeit, die wir zur Verfügung haben, ermöglicht es uns unser modernes Leben, genaue Vorstellungen von dem zu entwickeln, was wir erleben möchten und wie unser Leben aussehen soll. Die vielen Möglichkeiten zur Erfüllung unserer Träume veranlassen uns, unser Leben immer effektiver zu gestalten und keine Chance zur Befriedigung auszulassen. Wir haben keine Zeit heißt, daß wir uns die Zeit nicht nehmen. Als Individuum ist es schwer möglich, diesem rasanten Kreislauf zu entfliehen und ein anderes Zeitempfinden und Zeittempo durchzusetzen. In modernen Lebensstrukturen haben wir große Mühe, die Balance zwischen den geistigen, seelischen und körperlichen Elementen in uns und dem Kosmos zu halten, und wir bezahlen dies mit Unwohlsein, Krankheiten und mit unzähligen Therapieversuchen. Diesen hohen Preis der Modernität zahlen inzwischen auch viele Inder und Inderinnen, was besonders in den High-Tech-Städten zu beobachten ist. Jene jungen Menschen, die Filme aus der »anderen Welt« sehen können, werden vom modernen Leben träumen, und die, die es sich erfüllen können, und das sind immer mehr Menschen der Mittelschicht, geraten in die Gefahr, auch ihre Lebensbalance zu verlieren.

Reinigung im fließenden Wasser

Richard ist zum erstenmal von Deutschland aus nach Indien aufgebrochen und besucht seine bengalische Freundin, Rajlukshmee, die er vom Studium in Leeds, Großbritannien, kennt. Dort waren beide Fremde, und sie sind sich vielleicht gerade deshalb nähergekommen.

Jetzt ist er in Indien unterwegs. In Europa hatten die beiden beschlossen, daß er die ersten Tage allein reisen wird, während seine Freundin ihre Familie besucht. Vor zwei Tagen war Richard noch in Varanasi. Als er Rajlukshmee darüber berichtet, ist er ziemlich aufgeregt: »Es ist zwar mein erster Besuch in Indien, aber ich habe in dieser einen Woche schon viel gesehen. An keinem Ort fühlte ich mich je so fremd wie in Varanasi. Das fing schon mit dem Namen an: ich kannte nur Benares, aber die Menschen hier sagen Varanasi. Dann die vielen Pilger, die zu ihren rituellen Waschungen kommen oder ihre Toten hier verbrennen und die Asche in den Ganges werfen.« Richard schüttelt immer wieder den Kopf und ruft: »Ich war fix und fertig!«

Rajlukshmee, die schon einmal am Heiligen Fluß war, als ihr Vater die Asche seines Vaters im Morgengrauen in den Fluß warf, kann sich gut vorstellen, wie sich Richard fühlt. Sie antwortet: »Ein Besuch der Heiligen Stadt am Ganges bedeutet für uns mehr, als das, was du gesehen hast. Zugegeben, Varanasi ist ein geschäftiges Treiben mit Pilgern, teuer und anstrengend. Ich war damals allerdings auch gern in den engen, muffigen Gassen der Altstadt oder saß auf Stufen vor dem Eingang eines Tempels. Mein größtes Interesse galt den Menschen, die ich beobachten konnte: Turbane in allen möglichen Farben. Pilger aus bestimmten Dörfern hatten sich für den gleichen Farbton entschieden und waren so untereinander gut zu erkennen. Ich sah sowohl viele reiche Brahmanen mit Wohlstandsbäuchen und stolzen Gebärden, als auch asketische Saddhus, die längst mit allem Weltlichen abgeschlossen hatten und ihre ganze Kraft der Endphase des Lebens im Kreislauf opferten. Saddhus sammeln sich in Scharen in Pilgerstädten und sind leicht zu erkennen: spartanisch gekleidet, mit Asche gepudert und mit Tikas auf der Stirn geschmückt. Einige von ihnen konnten erstaunliche Verrenkungen zustande bringen. Wenn sie von Kindern geärgert oder belacht wurden, konnten sie ganz schön wütend werden und mit Steinen werfen.

Varanasi, was für ein Ort: Ich sah auch arme Frauen, die ihre Kinder zum Betteln geschickt hatten. Und überall gab es Verkäufer, entweder an Mauern hockend oder mit ihrem Bauchladen herumlaufend. Die Stadt war jeden Tag voller Menschen. Außerhalb der Stadt mischten sich sogar heilige Kühe dazu. Die hatten dann vor den Menschen das Recht, dort zu sein, wo sie wollten.« Richard fragt nach: »Was hat das mit den Rindern auf sich, daß sie nicht vertrieben werden, selbst wenn sie auf der Straße den Verkehr stoppen?« Die Inderin antwortet und lacht dabei: »Das könnt ihr Europäer wohl nicht verstehen. Wir haben Tempel, auch ausgewählte Parkanlagen, Berge, Flüsse und Tiere, die wir verehren, weil dort Götter und Geister wohnen. Das war nicht immer so, aber es hat sich über Traditionsbewußtsein und Opferrituale so entwickelt. In den Grünanlagen können wir verschiedenen Göttern begegnen. Dort stehen Bäume, die wir verehren, Pflanzen, die uns als ayurvedische Medizin das Leben erleichtern. In manchen Bergen hausen Götter, und was uns der Ganges bedeutet, weißt du selbst. Was die Tiere betrifft, verehren wir eigentlich alle, aber einige ganz besonders, weil sie göttliche Begleiter sind, wie z. B. Kühe, aber auch Affen, Elefanten und Pfaue.«

»Wie kommt es, daß Rinder in der Landwirtschaft und Feldarbeit benutzt werden, wenn sie so verehrt werden?«

»Weil dies notwendige und wertvolle Tätigkeiten sind. Das gleiche gilt auch für Elefanten.« Richard, der typische Westler, zweifelt und weiß nicht so recht, wie er das finden soll. Er sagt: »Die Arbeit der Bauern ist doch schmutzig und mühsam, warum sind dann die Arbeitstiere der Bauern heilig?« Seine schlagfertige Freundin klärt ihn auf: »Weil schmutzige und mühsame Arbeiten nicht minderwertige Arbeiten sind. Wie können sie minderwertig sein, wenn uns das Essen von Reis und Getreide am Leben erhält?«

Richard lehnt sich im Stuhl zurück und denkt an Varanasi, wo er Zeremonien an Kranken mit Räucherstäbchen und Kräuterbüscheln beobachtet hatte. Die Wurzeln, Körner und andere Gegenstände ordnete er der traditionellen Medizin zu. Da er von Ayurveda keine Ahnung hat, fragt er seine Freundin Rajlukshmee, die ihm erklärt: »Ich kenne Ayurveda als alte und zugleich moderne, systematische Medizin, die hauptsächlich in hinduistischen Kreisen Verbreitung fand. Heute wird sie von allen in Indien genutzt und im Ausland inzwischen auch. Das Grundwissen ist mehr als 4000 Jahre alt, das lehren zumindest Professoren der einzigen Ayurveda-Universität, während andere behaupten, die Philosophie von Ayurveda sei älter und wieder andere, sie sei jünger. Ayurveda ist ein Sanskritwort und beschreibt die Lehre vom andauernden Leben im Kreislauf. Deswegen ist Ayurveda nicht nur eine ganzheitliche Medizin und Behandlungsform, sondern auch eine Lebenshaltung. Verliert jemand die Balance im Leben, kann Ayurveda nur helfen, wenn sich die kranke Person an die philosophischen Grundsätze hält. Ist dies gegeben, kann die Behandlung mit den typischen Extrakten von Pflanzen, Wurzeln usw. Erfolg bringen. Mir hilft sie, ich bin davon überzeugt!« Richard unterbricht mit seiner Frage: »Was sagen die modernen Mediziner dazu?«

»Was heißt moderne Mediziner? Es gibt moderne Ayurveda-Ärzte, die die traditionelle Heilkunde den heutigen Anforderungen angepaßt haben. Sind die weniger modern, als jene, die die westliche Medizin studiert haben? Am besten ist eine Synthese beider Richtungen. Und es gibt viele Ärzte, und Ärztinnen vor allem, die wirklich beides studiert haben. Was würden die Menschen tun, die in die bunten Pillen kein Vertrauen haben und auch kein Geld für Behandlungen von Ärzten ausgeben können, die sie allein schon bei der Diagnose nicht verstehen. Diejenigen, die Ayurveda vertreten und seriös damit behandeln können, genießen Anerkennung und Respekt in der Gesellschaft, denn wer sonst zeigt es so deutlich, wie diese Ärztinnen und Ärzte der Ayurveda-Medizin, daß ihnen die Tradition am Herzen liegt.«

In Indien reisen wirft Fragen auf, und viele Orte, Erlebnisse, Bilder und Eindrücke verlangen eine Antwort. So wie Varanasi, ein Ort, der in der Tat interessant ist: traditionell, religiös, mystisch und touristisch. Hier gibt es eine Universität, an der die verschiedenen hinduistischen Strömungen gelehrt werden. Rajlukshmee klärt ihren Freund auf: »Varanasi ist so vielfältig. Es gibt eben nicht den einen Hinduismus, sondern unterschiedliche Überzeugungen und Lebensweisen.«

Auch künden hier buddhistische Stupas von vergangenen Epochen. Gut erhaltene Tempel und Schreine überall, Orte für Gottheiten und Geister. Die Stadt blüht, Hotels sind teuer, Rikschas und Taxen verdienen reichlich, Restaurants und Souvenierläden haben immer gut zu tun. Aber das ist an jeder Pilgerstätte so, auch an den christlichen.

Die Inderin berichtet weiter: »Es gibt viele Punkte, die zwischen der hinduistischen und christlichen Religion zu unterscheiden sind: unsere traditionelle Verehrung der Ahnen, der Natur und einiger Tiere. Und daß wir in Indien viele Götter haben, die weiblich oder männlich abgebildet sein können. Für verschiedene Situationen haben wir einen bestimmten Gott oder eine Göttin. Bei euch gibt es nur einen Mann-Gott. Zum Beispiel ist der Ganges der Göttin Ganga geweiht, der Ganges verkörpert also ein weibliches Prinzip. Das beeinflußt auch den Glauben. Unser Vertrauen auf die Reinigung durch das Wasser ist der Glaube an Ganga. Es ist eine Ehre, mindestens einmal im Leben Shivas Stätte in Varanasi aufzusuchen, im Ganges einzutauchen und vom Wasser zu trinken.«

Rajlukshmee ist stolz darauf, daß sie schon als Jugendliche das Glück hatte, in Varanasi gewesen zu sein. Ihr Vater wußte, daß sich der Großvater die Pilgerreise von Kalkutta aus nie leisten konnte. Deswegen war es für den Sohn ganz selbstverständlich, den Toten zum Heiligen Fluß zu bringen und ihn durch die Verbrennung und das Verstreuen der Asche auf seine weitere Reise zu schicken. Nach einer kleinen Pause des Erinnerns ergänzt Rajlukshmee: »Meine Aufgabe dabei war, während der gesamten Zeremonie Mantras zu murmeln.« Richard beobachtet, wie seine Freundin ihren Gedanken nachhängt und dann sagt: »Heute würde ich vielleicht anders darüber denken.«

Der Freund wird hellhörig, zieht seine Augenbrauen hoch und hört ihr aufmerksam zu: »Natürlich habe ich damals, als wir an einem der Ghats in das Wasser gingen, nicht nur Menschen gesehen, die sich in den Ganges getaucht haben oder von anderen übergossen wurden. Ich habe auch Rinderkadaver von den Wellen mitreißen sehen oder eingemummte Kinderleichen und Pflanzenbüschel oder Baumstämme. Es schwimmt vieles im Heiligen Wasser, nicht nur Boote mit Pilgern oder mit gaffenden Touristen, die allzeit bereit durch ihre Kameras nach Bildern suchen und die Würde des Ortes nicht verstehen können. Der Ganges müßte eigentlich eine absolute Kloake sein. Welche Kräfte jedoch bewahren ihn und die vielen Menschen, die sich in ihm waschen und Wasser für die Daheimgebliebenen mit nach Hause nehmen, vor einer Katastrophe?

Heute hätte ich mehr Angst vor Infektionen.« Rajlukshmee schweigt nachdenklich. Nach einer Weile ergänzt sie: »Wenn ich nicht seit rund fünfzehn Jahren in Europa leben würde, in der ganz anderen Welt, fern von unseren Ritualen, würde ich heute keinen Unterschied finden können. Ich frage mich, ob ich aus dem zyklischen Kreislauf der Reinkarnationen rausgetreten bin. Ich hab mich dies noch nie so deutlich gefragt wie jetzt. Deswegen fehlt mir die Überzeugung, an die reinigende Kraft des Ganges zu glauben, und aus diesem Grund wäre ich wahrscheinlich anfälliger für Krankheiten.«

Der rechte Platz in der Kaste

Am besten läßt sich die Zugehörigkeit zu einer Kaste mit einem Berufsstand vergleichen, in dem sich immer nur die jeweiligen Angehörigen dieses Berufes genau auskennen und sich angemessen verhalten. So wie es in den Berufsständen bestimmte Verhaltensweisen gibt mit eigenen Normen und Werten und einer spezifischen Berufssprache, ist es auch in den Kasten. Allerdings sind hier die Abgrenzungen schärfer und strikter und werden u. U. streng sanktioniert.

Bei einem Aufenthalt in Südindien traf ich ein indisches Ehepaar. Er in legerem Anzug, westlich gekleidet, sie in Sari. Beide sind seit vielen Jahren in der Filmbranche tätig und zählen zu den intellektuellen Filmemachern aus Mumbai. Für einige ihrer Arbeiten haben sie internationale Preise bekommen.

Wir hatten uns angefreundet, und sie kamen eines Tages während einer Europareise auch nach Deutschland. Wir führten viele Gespräche miteinander, z. B. über Religionen und Kasten, Normen und Werte, Männerleben und Frauenwelten. Schließlich berichtete die Frau folgendes: »Wir kannten uns schon drei Jahre, bis wir endlich geheiratet haben. Es war ein ziemlicher Druck damals. Weißt du noch?« Ihr Mann erinnert sich: »Mein Gott, das war 1970, und wir waren schon alt. Ich war fast dreißig und sie über 25.«

»Ja, das Problem war und ist nach wie vor, daß wir aus zwei verschiedenen Kasten stammen. Wir sind unterschiedlich aufgewachsen: Er ist Hindu und stammt aus einer angesehenen Brahmanenfamilie, die alle Jura studiert haben. Ich gehöre zu den Parsen, einer religiösen Minderheit. In meiner Familie sind alle im Schuldienst tätig. Das bedeutet, daß wir verschiedene Rituale und Feste gewohnt sind, unterschiedlich mit dem Alltag, dem Tod und dem Leben danach umgehen. Beide Familien sind ziemlich rigide strukturiert. Aber wir beide wollten eben nicht in die Fußstapfen unserer Eltern treten und ihre Berufe erlernen. Und so trafen wir uns auf der Filmhochschule. Als wir uns enger befreundeten, fingen die Eltern an, sich um uns Sorgen zu machen. Heute grämen sie sich um unsere Kinder.« Er wirkt etwas ungehalten und unterbricht: »Wir persönlich fühlen das doch nicht! Wir haben das gleiche studiert, arbeiten an den gleichen Projekten, haben auch gemeinsame Kinder und Freunde.« Ein bißchen nachdenklich fügt er noch hinzu: »Aber wenn wir zu unseren Familien fahren, fahren wir getrennt.«

»Ja, das muß man sich mal vorstellen: unsere Väter haben es beide nicht fertiggebracht, eine Hochzeit zu arrangieren und mit ihren Familien, Verwandten und Freunden gemeinsam daran teilzunehmen. Es war ihnen nicht möglich, gemeinsam zu essen und zu trinken. Sie wollten den ›Fehltritt‹, so haben beide unseren Heiratswunsch bezeichnet, den sie als Verletzung des Gebotes nur in der eigenen Kaste zu heiraten ansahen, einfach nicht unterstützen. Also mußten wir warten, bis wir selbst Geld hatten, um zu heiraten. Das geschah dann im kleinen Kreis mit Freunden in Bombay. Anschließend sind wir zu seiner Familie gefahren und haben gefeiert und danach zu meiner und haben noch einmal gefeiert. Zuvor aber gab es viele Gespräche mit unseren Müttern, die auch Schwestern und Brüder vorbeischickten, um uns zu bekehren. Wenn man es streng nimmt, sind wir jetzt faktisch Kastenlose. Zumindest ich als Frau, die traditionell im Haushalt der Familie meines Mannes zu leben hätte, bin aus dem Schutz des Kastensystems herausgetreten, weil ich seiner nicht angehöre und durch die Heirat aus meiner raus bin. Auf meine Privilegien habe ich verzichtet, und seine bekomme ich nicht. Es gibt zwar keine Entlassung, aber wir gehören einfach nicht mehr dazu.« Ihr Mann beendet den Bericht, indem er sagt: »Ach, wir haben uns schon lange aus diesen Traditionen herausgelöst. Schon während des Studiums haben wir andere Wege gewählt. War das nicht die Voraussetzung, um die Themen zu verarbeiten und Filme zu drehen, die aus dem Rahmen fallen? Sonst hätten wir in Europa und Amerika die Auszeichnungen nicht bekommen, wenn es uns nicht anschaulich gelungen wäre, Grenzüberschreitungen darzustellen.«

Sie schien mir bezüglich dieses Themas viel nachdenklicher zu sein, als hätte sie mehr zu verlieren oder schon mehr verloren.

Einige Tage später knüpft sie das Gespräch wieder an und erzählt weiter: »Damals, als sich weder seine noch meine Familie mit unserer Ehe abfinden wollte, waren wir sehr enttäuscht darüber und sind schließlich so mutig geworden, unseren Weg zu gehen. Als meine erste Tochter geboren wurde und ich eine Hilfe im Haushalt brauchte, haben wir uns für eine Dalit entschieden. Wir haben uns nicht für sie entschieden, weil sie zu den Unberührbaren gehört, aber es hat uns einfach auch nicht gestört. Wir fanden die Frau sympathisch, und so haben wir uns für sie entschieden und offen darüber gesprochen.«

Die Unberührbaren hatten in Indien immer die schwierigsten Lebensbedingungen. Sie waren für die minderwertigsten Tätigkeiten in der Gesellschaft bestimmt und sahen auch keine Chance, etwas anderes zu tun. Es war ihnen verboten, in die Berufe anderer Kasten einzusteigen. Die Angehörigen höherer Kasten haben immer wieder für strenge Abgrenzung gesorgt. So war es z. B. Sitte, daß sich die Kastenlosen mit Glöckchen bemerkbar machten und ausweichen mußten, wenn sie jemandem aus einer anderen Kaste begegneten. Berührungen sollten unbedingt verhindert werden, und dafür mußten die Untersten der Hierarchie sorgen.

Mahatma Gandhi, der jede notwendige Tätigkeit als ehrenvollen Dienst für die Menschen überhaupt und für das Zusammenleben im speziellen ansah und nicht akzeptieren wollte, daß es per Kastenregel Menschen gibt, die »saubere« und andere, die »schmutzige« Arbeiten zu verrichten hatten, nannte die Kastenlosen provokativ: Harijans, »Kinder Gottes«.

Es gibt nach wie vor ein Kastenbewußtsein mit Grenzen und Hierarchien zwischen Personen und ihren Ständen: den Brahmanen, den Rittern, den Bauern und Händlern und den Dienern und Sklaven, besonders unter den Älteren. Die jüngere Generation, hauptsächlich die in den Großstädten Aufgewachsenen und Lebenden, hält allerdings nicht mehr so streng daran fest. Doch das völlige Aufgeben des Kastenbewußtseins ist schwierig, wenn sich die

Pflicht im Leben eines Menschen nach dem Platz bemißt, den er in der Gesellschaft einnimmt – und dieser richtet sich immer noch nach der Kastenzugehörigkeit.

Inzwischen gibt es Angehörige der Harijans, die aus den Lebensverhältnissen ihrer traditionellen Kastenlosigkeit herausgewachsen sind. Die meisten sprechen nicht darüber, wenn sie es geschafft haben, z. B. als angesehener Rechtsanwalt, Mitglieder hoher Kasten zu verteidigen, sollten sie sich an ihn wenden. Auf der anderen Seite schämen sich heute viele Inderinnen und Inder, die selbst der höchsten Kasten angehören, für die unwürdige Aufteilung der Menschen und wollen nicht mehr wahrhaben, daß das Kastenwesen noch existiert. Von ganz jungen Frauen und Männern kann man inzwischen hören: »Kasten, die gibt es nicht mehr!«

8. EPILOG

Es wurden bislang eine ganze Reihe kultureller Unterschiede dargestellt, die entweder direkt benannt oder indirekt aufgezeigt wurden. Indien wäre für Deutsche viel weniger interessant, gäbe es keine bzw. nur wenige kulturelle Unterschiede und auch nicht die Lebensvielfalt, die der Subkontinent zu bieten hat. Daß diese kulturellen Differenzen im Zusammenarbeiten und Zusammenleben zu mancherlei Irritationen, Mißverständnissen und Konflikten auf beiden Seiten führen können, ist leicht einsehbar. Auf einige grundlegende Unterschiede und Auswirkungen dieser lebensphilosophischen Kontraste, wie z. B. bei Arbeit, Arbeitsklima, Kommunikation, Konflikt und Konfliktlösung, möchte ich noch einmal eingehen und auf die verschiedenen Umgangsweisen, die Inder/innen und Deutsche damit verbinden, hinweisen. Obwohl die Sichtweise von Frauen und Männern so wie in Deutschland auch in Indien gerade in diesen Aspekten recht unterschiedlich sein kann, nehme ich eine geschlechtsspezifische Analyse nicht vor, denn sonst müßte ich auch ethnische, kasten- und generationsspezifische Differenzen aufnehmen, was den Rahmen dieses Buches sprengen würde. Ich kann nur darauf hinweisen, daß jede Verallgemeinerung immer auch fragwürdig ist, da sie Vielfalt negiert.

Die fünf o.g. Aspekte betreffen alle deutsch-indischen Begegnungen, egal, ob Deutsche und Inder/innen in einem Unternehmen zusammenarbeiten, ob Inder/innen in einem deutschen Haushalt tätig sind, ob Deutsche nach Indien, Inder/innen nach Deutschland heiraten oder ob Ausländer/innen in Indien reisen: Sie werden mit unterschiedlichen Umgangsweisen immer wieder an ihre Grenzen stoßen und sich Lösungen überlegen müssen.

Die wichtigsten Unterschiede sind:

1. Die meisten Inder/innen verstehen ihr Leben als dem Kreislauf der Wiedergeburten untergeordnet, während sich das christliche Lebensverständnis eher auf einer – bildlich gesprochen – geraden Linie vollzieht, mit der Geburt als Lebensanfang und dem Tod

als Ende. Daraus resultiert eine völlig andere Auffassung von Lebenszeit, von Zeit haben und Zeit nutzen. Während Inder/innen ihr momentanes Leben als eines von vielen verstehen, fühlen wir uns gezwungen, die kurze Zeit, die uns zur Verfügung steht, effektiv und sinnvoll zu nutzen. Die Hektik in indischen Industriemetropolen unterscheidet sich allerdings kaum noch von unserer.

2. Inder/innen wachsen vorrangig in der Gemeinschaft einer großen Familie auf, im Wissen, ein wertvolles Mitglied des Verbandes zu sein, bestimmte Aufgaben erfüllen zu müssen und auf Gruppenkonformität zu achten. In Nordeuropa und den USA existieren mehrheitlich Kleinfamilien; Selbständigkeit und Individualismus sind bevorzugte Erziehungswerte. Das hat zur Folge, daß sich die Inder/innen eher um die Gruppe kümmern und wir uns in erster Linie um uns selbst.
3. Der Platz, den der einzelne in der meist recht ausgeprägten Hierarchie der indischen Gesellschaft einnimmt, ist durch die Zugehörigkeit zu einer Kaste, einem Berufsstand, einer Religion, einer Altersgruppe und zum Geschlecht vorbestimmt und wird von den meisten auch verteidigt. Demgegenüber sind europäische Familien und Unternehmen dazu übergegangen, eher flache Hierarchien einzurichten und partnerschaftlich-kollegiale Verhältnisse anzustreben. Dies führt dazu, daß die Inder/innen ein stärkeres Bedürfnis nach Einhaltung von Hierarchien, von Position und Status haben als Deutsche.
4. Der gute und oft über Generationen bewahrte Ruf der Familie in Indien kann einzelnen Familienmitgliedern zum beruflichen Erfolg verhelfen und fördert so Karriere und Statussicherung. In Deutschland dagegen gewinnen wir berufliche Anerkennung und Statussicherung durch eigenes Bemühen: Wer nichts schafft, ist nichts wert. Daraus ergibt sich für die einen der Zwang, den guten Ruf der Familie nicht zu riskieren, und für die anderen der Druck, beruflichen Erfolg zu erarbeiten.

Diese unterschiedlichen Lebensphilosophien und Alltagspraktiken zeigen sich z. B. in der Auffassung dessen, was Inder/innen und Deutsche unter einer sinnvollen Arbeit, einem befriedigenden Arbeitsklima, unter gleichberechtigter Kommunikation, unter einem interkulturellen Konflikt und adäquater Konfliktlösung verstehen.

Während wir in Deutschland sagen, daß wir arbeiten, um uns

materiell etwas leisten zu können, in der befriedigenden Tätigkeit eine Herausforderung sehen, uns gebraucht und gut zu fühlen, einen Schritt auf unserer Karrierreleiter weiter nach oben zu kommen, hat Arbeit für Inder/innen eine andere Bedeutung: sie verfolgen damit zuerst die ökonomische Unterstützung ihrer Familie. Arbeit bedeutet ihnen außerdem Anerkennung und Mitglied in einem Arbeitsteam zu sein, das bestimmte Aufgaben zu lösen hat und die Identifikation als Angehörige/r der Firma Soundso fördert. Erst dann arbeiten Inder/innen für die persönliche Reputation.

Deutsche verstehen unter einem angenehmen Arbeitsklima vorrangig Teamwork in flachen Hierarchien mit bestimmten, abgesprochenen Aufgaben. Ist der Informationstransfer vertikal und horizontal ausreichend gesichert, und sind die Verantwortlichkeiten für jede Person klar definiert und akzeptiert, fühlt sich jedes Teammitglied wichtig und gebraucht. Weiterhin gehört es in Deutschland zu einem guten Arbeitsklima, Konflikte auszutragen und konkurrierendes Verhalten zuzulassen. In diesen Punkten haben Inder/innen andere Wünsche: sie kennen und bevorzugen eher strenge Hierarchien mit festen Aufgaben, die ihnen immer wieder neu vermittelt werden (sollten) und fühlen sich in gruppenkonformen, regulären und einschätzbaren Abläufen wohler. Sie achten auf Loyalität des Arbeitgebers ihnen gegenüber und bevorzugen harmonische und nicht konkurrierende Verhaltensweisen.

Kulturelle Zusammenhänge und der individuelle Platz in der Gesellschaft spiegeln sich in der Sprache wider. Doch Englisch ist nicht gleich Englisch: Auch wenn Inder/innen Englisch sprechen, sprechen sie verschiedene Sprachen, je nachdem welcher Kaste, welchem Beruf und welcher Religion sie angehören bzw. wie stark sie sich mit ihrer Klasse und Interessengruppe identifizieren, wie sehr sie sich ihrer Generation verbunden fühlen und wie sie als Frau oder als Mann leben etc. Die Art, sich auszudrücken, wird durch diese Aspekte bestimmt. Auch wenn eine Ausländerin/ein Ausländer Englisch spricht, bieten das Sprechen und Hören (Interpretieren) unzählige Möglichkeiten für Mißverständnisse.

Indian English wird betont wie die im Hintergrund mitschwingenden indischen Sprachen und ist daher für Ausländer/innen gewöhnungsbedürftig, so daß es in unseren Ohren oft aggressiv und hart und manchmal unhöflich klingt, besonders da »bitte« und

»danke« viel weniger ausgesprochen werden, als es der »Gute Ton« in Deutschland empfiehlt, und wir andererseits das allein durch die Betonung geregelte »Bitte« und »Danke« der Inder/innen als solches nicht leicht identifizieren können. Auch Inder/innen empfinden unsere Sprache als hart, abgehackt, aggressiv und wenig einladend. Oft haben sie den Eindruck, daß sich Deutsche streiten.

Inder/innen kommunizieren darüber hinaus oft mehrdimensional: verschiedene Personen sprechen zur gleichen Zeit. Deutsche haben dabei äußerste Mühe, sich zurechtzufinden. Inder/innen betonen andere sprachliche Inhalte im Indian English als Deutsche, Briten oder Nordamerikaner in ihrem Englisch. Gleichzeitig verstärken sie ihre Aussage durch Mimik und Gestik und mit dem gesamten Körper. Deutschen fällt zuerst auf, daß Inder/innen ein ausdrucksvolles Spiel mit ihrem Kopf treiben können: Sie bringen es fertig, zur Bejahung einer Situation ihren Hals mehrmals und sehr rhythmisch nach rechts und links zu schwenken, ohne dabei den Kopf zu bewegen. Dreht sich andererseits der Kopf ganz deutlich, bedeutet das Ablehnung. Indern fällt dagegen auf, daß Deutsche dazu neigen, sich die Hände zur Begrüßung und zum Abschied zu reichen. Das kennen jedoch nur die 16% der Mittel- und Oberschicht, die entweder länger in Europa gelebt haben und gereist sind oder viel mit Europäern zu tun haben. Diejenigen von ihnen, die in Amerika waren, rufen »Hi« und »Hello«. In manchen Orten, in denen sich schnell relativ viele Europäer/innen angesiedelt haben, gehört es zum »Guten Ton« der Inder/innen, die Hand zu reichen. Doch traditionellerweise grüßen Inder/innen mit »Namaskar« oder »Namaste« und falten dazu ihre Hände vor der Brust. Manche verbeugen sich je nach Status des Gegenübers, und andere heben ihre flache Hand an die Stirn. Islamische Religionsangehörige dagegen grüßen mit »Salaam« und legen dabei ihre rechte Hand auf die Brust. Für Deutsche ist die Kommunikation mit indischen Angestellten und Freunden oft leichter, wenn sie das, was sie sagen möchten, eher »durch die Blume«, freundlich-schmeichelnd ausdrücken, als offen und direkt. Vor dem Hintergrund der o. g. Unterschiede zwischen deutscher und indischer Kultur spielt ein weiterer Punkt oft auch eine Rolle: daß Inder/innen u. U. etwas anderes unter »Wahrheit« verstehen als Deutsche, die der Wahrheitsfindung zwar viel Bedeutung beimessen, aber dennoch nicht davon ausgehen sollten, daß es nur eine Wahrheit gibt!

Für Deutsche entsteht ein Konflikt dann, wenn Inder/innen (nach deutscher Meinung) Absprachen (Inhalt und Zeit) nicht einhalten und Aufgaben nicht erledigen, wenn sie nicht prozeßbegleitend mitdenken und nicht selbständig (individuell) mitwirken, sondern auf Anweisungen warten, wenn zwischen deutschen und indischen Kollegen kein Austausch stattfindet. Da Deutsche auch ein ausgeprägteres Bedürfnis nach Distanz haben als Inder/innen, die mehr Nähe zulassen können, beurteilen viele Deutsche die häufige Fragerei (nach privaten Dingen genauso wie nach beruflichen) als anmaßend bis unverschämt und fühlen sich belästigt. Zum Beispiel interessiert Inder/innen sehr wohl, in welchen Familienverhältnissen Deutsche leben, wie sie zu ihren Positionen kamen, wieviel sie verdienen, was sie von Politik halten usw. Umgekehrt können auch Deutsche diese Informationen bei Indern abfragen. Es ist von indischer Seite sogar erwünscht, darüber zu berichten, denn wer nicht fragt, sagt man in Indien, zeigt kein Interesse.

Von indischer Seite werden folgende Gründe für interkulturelle Konflikte genannt: wenn sich Deutsche nicht ihrem Status gerecht verhalten, nicht um ihre Reputation kämpfen und wenn sie ihre Leitungsautorität minimieren. Wer eine Position hat, hat schließlich eine Rolle, die er im hierarchisch-gegliederten Indien deutlich zu erfüllen hat. Ein Chef ist ein Chef, das muß zu erkennen sein, und dafür muß er selbst sorgen. Weitere interkulturelle Fallen sind aus indischer Sicht: Ausländer/innen, die nicht auf regelmäßige Qualitäts- oder Absprachenkontrollen bestehen, die Kritik und Aggressivität im Team und unloyales Verhalten dem Arbeitgeber gegenüber in der Öffentlichkeit zulassen und die soziokulturelle Lebensaspekte, wie z. B. traditionelle und religiöse Feste und Besonderheiten der Familie negieren. Ausländer/innen verlieren in solchen Situationen oft an Respekt, nach der Devise: Wie soll man jemandem Respekt zollen, der sich respektlos verhält. Auch ist es Indern schwer verständlich, daß Deutsche sich so distanziert verhalten, Berufs- und Privatleben derart streng trennen und daß sie im Grunde nicht ständig ansprechbar sind, denn in Indien ist fast alles, Privates und Berufliches, öffentlich.

So unterschiedlich wie die Umgangsweise mit den bisherigen Punkten, so unterschiedlich werden auch Konflikte gelöst: Während Deutsche eine direkte Aussprache über das Problem anstreben und versuchen, die andere Person von der eigenen Meinung zu überzeugen, Kompromisse und Lösungsstrategien vorschlagen und im äußersten Fall einen Vermittler einbeziehen, ist Inder/innen zuerst daran gelegen, ihre Beziehung zu der Person, mit der sie ein Problem haben, zu festigen. Sie zeigen Aufmerksamkeit und Interesse an der Person und an ihren Aufgaben und stärken so die Gemeinsamkeiten. Notfalls suchen Inder/innen auch Personen mit größerer Autorität auf, die beide Seiten kennen und schätzen und vermitteln können. Jedenfalls ist es für Deutsche wichtig zu wissen, daß sie ihre indischen Mitarbeiter/innen oder Angestellten, Freunde oder Nachbarn besser nicht direkt zur Aussprache eines Konfliktes verleiten sollten. Denn wenn sich Inder/innen von Gesicht zu Gesicht und noch schlimmer in Anwesenheit anderer konfrontiert und kritisiert, lächerlich gemacht und ironisch behandelt fühlen, haben sie ihr Gesicht verloren und fühlen sich nicht ernstgenommen. Sie neigen dann dazu, Kritikpunkte entweder einfach zu »überhören« oder zu ignorieren. Sie werden sich Schutz im indischen Team suchen, und wenn die Gängelei von deutscher Seite nicht aufhört, können sie auch mit ironischer Kritik reagieren und die weitere Zusammenarbeit riskieren, denn diese verspricht ihnen nicht mehr den Erfolg, den sie sich durch ihre Mitarbeit in der Firma oder in der ausländischen Familie erhofft haben.

Mir ist durchaus bekannt, daß sich eine kleine Gruppe Inder/innen, mit denen Ausländer/innen geschäftliche Beziehungen haben, von den traditionellen kulturellen Gepflogenheiten mehr und mehr absetzen und davon ausgehen, daß sich Indien in den letzten zehn Jahren sehr verändert hat. Das stimmt, es hat sich viel geändert, aber eben nicht für die Mehrheit der Menschen. Aber auch moderne, westliche Inder/innen reagieren in vielerlei Hinsicht intuitiv traditionell-kulturell, auch wenn sie vordergründig unsere (amerikanischen) Verhaltensweisen verinnerlicht haben, die Hände zur Begrüßung reichen, Jeans tragen, mit Zeitverhältnissen und Absprachen anders umgehen, ähnliche Visionen und Berufe haben und überhaupt davon ausgehen, sie seien gleich. Das ist meiner Erfahrung nach oft ein Trugschluß. Was aber diese Inder/innen sehr gut können, ist, sich in zwei Welten adäquat zurechtzufinden. Aus ihrer individuellen Perspektive mag das nach einer kulturell-integrierten westlichen Lebensweise aussehen.

9. DATEN

Mutter Indien – Bharat Mater

Fläche: 3,287,263 qkm

Hauptstadt: Neu Delhi

Verwaltung: 7 Unionsterritorien und 2 Inselbereiche mit 22 Bundesländern (aufgeteilt in 6 Regionen)

Einwohner/innen: 950 Millionen , fast 19 % der Weltbevölkerung

Bevölkerungswachstum: 1,9 % (zwischen 1985 und 1995)

Bevölkerungsdichte: 283 Personen pro km^2; a-typisches Geschlechterverhältnis: 929 Frauen auf 1000 Männer

Stadtbevölkerung: 27 %

Lebenserwartung: 62 Jahre (1995)

Analphabeten: 48 % (1995, davon 64 % Frauen)

Beschäftigte: in der Industrie: 11 %; in der Landwirtschaft: 63 %

BSP-Bruttosozialprodukt: 319 660 Mio US$, je Einwohner 300 US$ (1993)

GDI-Geschlechtsbezogener Entwicklungsindex: Rang 103 (von 174 gemeldeten Staaten, Deutschland Rang 17)

Sprachen Hindi, Englisch sowie 17 weitere Sprachen als Amtssprachen: Assamesisch, Bengali, Gujarati, Kannada, Kashmiri, Kankami, Malayalam, Manipuri, Marathin, Nepali, Oriya, Punjabi, Sanskrit, Sindhi, Tamil, Telugu, Urdu, zahlreiche weitere Sprachen

Religionen (%): Hindus (80,3), Moslems (11), Christen (2,4), Sikhs (1,1), Buddhisten (0,7), Jainas (0,5) und Parsen

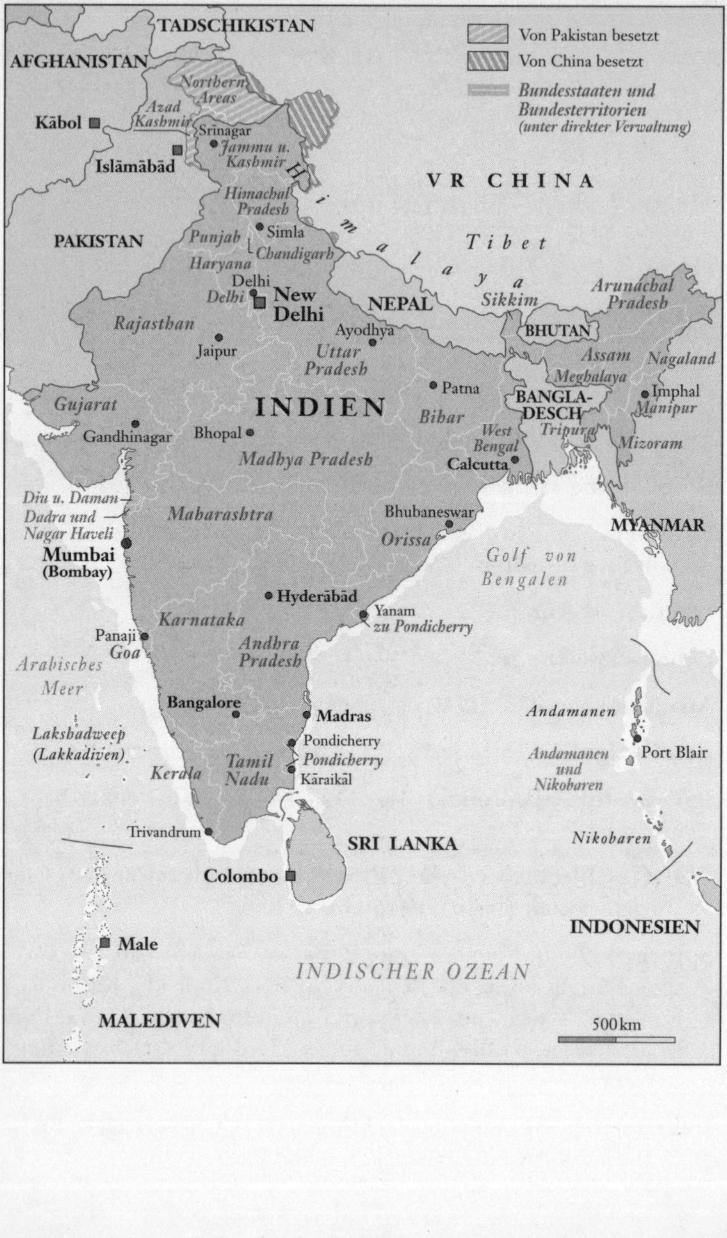
TADSCHIKISTAN
Von Pakistan besetzt
Von China besetzt
Bundesstaaten und Bundesterritorien (unter direkter Verwaltung)
AFGHANISTAN
Northern Areas
Azad Kashmir
Kābol
Srīnagar
Jammu u. Kashmir
Islāmābād
VR CHINA
Himachal Pradesh
Himalaya
PAKISTAN
Simla
Punjab
Chandigarh
Tibet
Haryana
Delhi
Delhi
New Delhi
NEPAL
Sikkim
Arunachal Pradesh
Rajasthan
Ayodhya
BHUTAN
Jaipur
Uttar Pradesh
Assam
Nagaland
Meghalaya
Patna
Imphal
Gujarat
INDIEN
BANGLA-DESCH
Manipur
Bihar
Gandhinagar
Bhopal
West Bengal
Tripura
Mizoram
Madhya Pradesh
Calcutta
Diu u. Daman
Dadra und Nagar Haveli
Maharashtra
Bhubaneswar
MYANMAR
Mumbai (Bombay)
Orissa
Golf von Bengalen
Hyderābād
Karnataka
Yanam zu Pondicherry
Panaji
Goa
Andhra Pradesh
Arabisches Meer
Bangalore
Madras
Andamanen
Lakshadweep (Lakkadiven)
Pondicherry
Pondicherry
Port Blair
Andamanen und Nikobaren
Tamil Nadu
Kerala
Kāraikāl
Trivandrum
SRI LANKA
Nikobaren
Colombo
INDONESIEN
Male
INDISCHER OZEAN
MALEDIVEN
500 km